KB013741

내 마음과의
거리는
10분입니다

내 마음과의 거리는 10분입니다

1판 1쇄 찍음 2019년 3월 22일
1판 1쇄 펴냄 2019년 3월 29일

지은이 강현숙

주간 김현숙 | **편집** 변효현, 김주희
디자인 이현정, 전미혜
영업 백국현, 정강석 | **관리** 오유나

펴낸곳 궁리출판 | **펴낸이** 이갑수

등록 1999년 3월 29일 제300-2004-162호
주소 10881 경기도 파주시 회동길 325-12
전화 031-955-9818 | **팩스** 031-955-9848
홈페이지 www.kungree.com | **전자우편** kungree@kungree.com
페이스북 /kungreepress | **트위터** @kungreepress

ⓒ 강현숙, 2019.

ISBN 978-89-5820-583-8   03180

값 12,000원

내 마음과의 거리는 10분입니다

묵은 감정을
풀어내는
나만의 감정노트

강현숙 지음

궁리
KungRee

저자의 말

저는 지난 10여 년 동안 대학생들의 인성교육을 담당하면서 인생이라는 여정 속에서 가장 기본이 되는 '자기이해' 부분을 특히 중요하게 다루어왔습니다. 그러다 보니 '내 마음은 이렇습니다'라고 말해주는 자신의 감정을 한 번쯤 다루지 않을 수 없는데, 함께 이야기하다 보면 묵은 감정들이 봇물 터지듯 나오는 경우가 꽤 많았습니다.

'○○는 외고 붙었다더라!'라며 부모님은 그냥 지나가는 말처럼 하셨지만 이미 비교가 섞인 말들에 상처를 받습니다. 어린 시절 친구와 놀다 싸우고 억울해서 울며 들어오는 나에게 들어주며 공감을 해주기보다는 '아니, 네가 아무 잘못도 안 했는데 친구가 때려?'라고 하시며 친구의 편을 들었을 때의 서운함도 기억나고요. 엄마의 욕심 때문에 억지로 수년 동안 피아노 학원에 다녔지만 결국은 체르니 100번도 끝내지 못했던 이야기, 부모님이 싸워서 명절에 할머니댁도 가지 못하고 방안에서 맘 졸이며 지냈던 일 등등. 아직 20대 초반이지만 묵은 감정과 관련된 이야기들은 끝이 없습니다.

더욱이 묵은 감정은 젊은이들뿐만 아니라 인생 후반전을 맞이하는 중년들도 건강하게 살아가기 위해서 해결해야 할 정말 중요한 과제라고 할 수 있습니다.

일본에서 시작된 '졸혼'이라는 말이 우리나라에서 어느 유명 배우의 발언(나는 아내와 졸혼했다.)을 계기로 이슈화되었습니다. 결혼을 졸업한다는 의미의 졸혼은 한마디로 말하면 "혼인관계는 계속 유지하되 자식들이 독립하게 되면 부부가 서로 동거 또는 별거해 살면서 각자의 인생을 즐기는 형태의 삶"이라고 할 수 있습니다.

굳이 졸혼이라는 말을 거론하지 않아도 나이 들어가면서 한 지붕 속 두 가족처럼 사는 이들이 꽤 있습니다. 이들은 어쩌면 독립이나 출가를 해서 사는 아들딸이 본가에 와서 서로의 안부를 물으며 대화를 할 때만 비로소 한 가족임을 느낀다고나 할까요?

왜일까요? 그 원인을 감정, 특별히 함께 살아온 햇수만큼이나 쌓인 '묵은 감정'으로 봅니다.

저는 여러 복지관에서 어르신들을 만나 상담을 하는 일도 하고 있습니다. 그런데 그분들의 이야기를 듣다 보면 살아오면서 풀지 못하고 마음속에 쌓아둔 '묵은 감정'과 관련된 것들이 대부분입니다.

'소통하고 공감하는 것'은 살아가는 데 필요한 기본 요소입니다. 여기서 소통하며 산다는 것은 생각을 주고받는 것도 있지만 '소통이 안 된다'고 했을 때 우리는 생각의 소통보다는 '정서적인 소통'이 원활하게 이루어지지 않고 있다는 뜻으로 받아들입니다.

그렇다면 또 '정서적인 소통'이란 무엇일까요?

바로 서로의 마음을 알아주는 것입니다. 나의 마음을 표현하고 나눌 때 상대방은 들어주고 또 정성껏 들어주다 보면 자연스럽게 공감을 하게 됩니다.

그래서 "인간은 자신의 속 얘기를 할 때 가장 행복하다"든지 "사람이 살아가면서 속마음을 털어놓을 수 있는 사람이 적어도 세 사람은 있어야 아프지 않다"라는 말을 하는 것입니다.

그렇다면 우리의 현실은 어떤가요?

사실상 자신의 감정을 자유롭게 표현하며 사는 사람들이 그리 많지 않습니다. 문제는 여기서부터 시작되는데, 감정은 에너지로서 그 특성상 표현하면 작아지고 사그라지지만, 제

때 표현하지 못하면 여러 문제를 일으키기 때문입니다.

실제로 우리 주변에서 혹은 방송이나 뉴스를 통해 감정이 폭발된 경우를 종종 접하곤 합니다. 화를 참다가 감정이 폭발해서 제정신인 상태에서는 감히 생각조차 할 수 없는 행동 그러니까 차를 몰고 가게 안으로 돌진하기도 하고 한동안 억눌렀던 감정이 가시 돋친 말로 표현되어 상대방에게 큰 상처를 주기도 합니다.

억누른 감정은 이처럼 밖으로 폭발이 되기도 하지만 내부의 나 자신을 향해 터지기도 하지요. 좀 더 구체적으로 말해 자신의 감정을 표현하지 않고 억누르다 보면 우울해질 수 있는데, 프로이트에 의하면 상대방에 대한 '화'가 자기 자신에게로 향해서 그렇다고 합니다.

문제는 우울증이 왔는데도 가볍게 여겨서 표현하지 않고 내버려두면 '화병'이 생길 수도 있는데, 흔히 신체 증상을 동반한 우울증을 우리는 화병이라고 부릅니다. 화병은 그 원인이 마음에서 시작했지만 보이는 현상은 각종 통증이나 '암' 같은 질병들로 나타나게 되지요.

'감정을 억압하다'에서 '억압하다'라는 말은 '생매장하다'

내 마음과의 거리는 10분입니다

라는 의미가 있는데 살아 있는 사람을 생매장한다고 생각해 보십시오. 얼마나 고통스러울까요!

물론 '묵은 감정'만 문제가 되는 것은 아닙니다. 제가 그동안 대학에서 가르치고 복지관에서 어르신들에게 상담과 강의를 하면서 깨달은 것은 관계 속에서 일어나는 문제 대부분이 감정으로부터 시작된다는 점입니다.

이 말의 의미는 감정이 꼬이면 모든 것이 꼬여버린다는 뜻입니다. 마치 살짝 내리치기만 해도 유리 전체에 금이 가고 마는 것처럼 서로의 감정이 잘못 건드려지면 관계가 아예 깨져버리는 경우도 많지요.

이처럼 관계 속에서 일어나는 문제들은 대부분 옳고 그름의 문제라기보다는 또 어떤 사람이 일방적으로 나쁘다기보다는 감정이 상해서 일어나는 경우가 참 많습니다. 그런 연유로 아무리 오랜 세월 함께해온 어떤 모임도 서로의 감정에 조금만 문제가 생기면 한 방에 끝나버리는 경우가 종종 목격되는데, 이것은 인간에게서 감정의 힘이 얼마나 센지를 제대로 보여줍니다.

우리가 그동안 쌓아둔 감정쿠폰들이라 할 수 있는 '묵은 감정들'을 잘 풀어갈 수 있도록 편안하게 안내하는 이 책을 통해 나 자신과 내 주변에 있는 사람들을 더욱 잘 이해하는 계기가 될 뿐만 아니라 내 안에 쌓아둔 묵은 감정들을 잘 풀어낼 수 있기를 소망합니다.

마지막으로 이 책이 더욱 짜임새 있게 구성될 수 있도록 소중한 피드백을 주고 마무리 작업에 심혈을 기울여준 궁리 출판사에 감사의 인사를 드립니다. 또한 저의 인생 여정 속에서 이런 책이 나올 수 있도록 배움과 깨달음의 원천이 되어준 사랑하는 남편과 두 아들에게도 고마운 마음을 전하며, 존재 자체만으로도 감사한 부모님께 이 책을 바칩니다.

1장

❦

지금 내 마음은 이렇습니다

1

감정표현이
제대로 되지
않는 까닭

내 마음상태가 어떤지를 알려주는 감정은 인간 본성의 한 부분으로, 태어나는 순간 우리의 몸과 함께 주어진 선물입니다. 즉 우리 인간은 태어나면서부터 감정을 느끼고 또 표현할 수 있습니다. 그래서 말을 못 하는 아기들도 돌보는 이들과 상호작용이 가능합니다.

예를 들어 아기는 자신의 표정과 목소리 혹은 몸짓으로 외부 자극에 반응을 보이기도 하고 자신이 원하는 것을 표현하기도 하는데 이런 것을 양육자가 잘 알아차려서 반응을 해주면 좋아합니다.

좀 더 구체적으로 말해 아기는 배가 고프거나 기저귀가 축

축하면 짜증스러운 눈빛을 하거나 아니면 칭얼거리며 울어대기도 합니다. 이때 양육자가 아기의 표정을 보고 젖을 준다든지 기저귀를 갈아주는 반응을 해주면 좋다고 하는데, 단순히 기분이 좋은 것에서 그치지 않고 한 걸음 더 나아가 아기는 욕구가 채워지는 것을 통해 자신이 꽤 괜찮은 존재라고 느끼게 됩니다. 이렇듯 감정은 내 마음상태가 어떤지를 알려주는, 우리 각자의 본질에 가장 가까운 모습이라 할 수 있습니다.

사고과정이 어떻게 발달해가는지를 연구한 피아제에 의하면 아기가 태어났을 때는 머리가 백지상태와 같다고 했습니다. 성장해가면서 외부 자극을 통해 다양한 경험을 하고 이런 것들이 뇌에 들어가서 기억 속에 체계적으로 저장됩니다. 그리고 그런 정보들이 쌓여감에 따라 구체적 사고에서 추상적 사고까지 가능해집니다.

이런 식의 인지발달이 어느 정도 진행이 되어야 "아침을 안 먹고 점심도 안 먹으면 배가 고플 것이다"라는 생각도 할 수 있고 나아가 청소년기에 이르면 우리나라의 역사에서 "삼국을 신라가 아닌 고구려가 통일했더라면 현재 우리나라는 어떤 모습일까?"라는 추론까지 할 수 있게 됩니다. 이렇듯 감정은 태어날 때부터 주어진 것으로 말을 못 해도 비언어적인 것으로 표현할 수 있지만, 생각은 성장과 더불어 발달해가고 또 변화해갑니다.

더욱이 감정은 누구와도 같지 않은 '고유한 나'라는 존재를 말해주는 것으로서 관계 속에서 우리는 같은 영화를 보고도 의견이 달라 티격태격할 수 있는데, 이것은 서로가 느끼는 감정이 다르기 때문입니다. 좀 더 구체적으로 말하면 우리는 어려서부터 서로 다른 환경을 경험했고 그 경험을 바탕으로 다양한 감정들을 느껴왔습니다.

이렇듯 우리 각자가 느끼는 감정은 서로 다른 지문만큼이나 고유한 것으로서 우리가 어떤 감정을 느끼든 그 감정은 판단되기보다는 존중받을 필요가 있는데, 그런 연유로 내가 느끼는 감정이 상대방에게 받아들여지지 않으면 마치 자신의 존재가 거부당한다고 여겨지기도 합니다.

다시 한번 강조하지만 살아가면서 몸에 때가 생기듯이 날마다 자연스럽게 생겨날 수밖에 없는 수많은 감정은 내 마음 상태를 나타내주는 지표로서 존중받아야 할 뿐만 아니라, 우리에게 선물처럼 주어졌으니 소중하게 대해야 합니다. 우리는 살아가면서 일어나는 수많은 사건을 막을 수는 없습니다. 하지만 그 사건으로 인해 생겨난 감정들은 표현하면 사그라지고 엷어지는데, 감정은 그 특성상 표현을 하면 줄어들고 또 사그라지기 때문입니다.

그래서 게슈탈트 심리치료에서는 '감정표현을 하는 것'을 중요시하는데 표현되지 못한 감정을 '미해결 과제'라 부르고, 이것을 완결 짓는 것이 상담에서 중요한 목표가 됩니다.

이렇게 감정표현은 자연스러운 것이고 또 중요한데도 제대로 잘 표현되지 못하는 이유가 뭘까요?

그것은 바로 우리가 자신의 감정을 존중하기보다는 사회가 바람직하다고 생각하는 방향을 더 우선시하기 때문입니다. 게다가 우리는 감정을 표현하는 데 익숙하지 못해서 자꾸만 감정을 마음속에 억누르다 보니 자신도 모르게 '감정적 행동'이 튀어나올 때가 많습니다. 더욱이 '감정을 표현하는 것'을 '감정적인 행동을 하는 것'으로 착각하기도 합니다.

예를 들어 화가 나는 일이 생겼을 때 '감정을 표현하는 것'은 나의 상태를 상대에게 전하는 것입니다. 하지만 화를 내고 욕을 하거나 폭력을 쓰거나 문을 쾅 닫는 행동을 하는 것은 '감정적인 행동'에 해당합니다.

예컨대 우리는 상대방에게 화가 나면 그런 자신의 감정을 표현하기보다는 침묵으로 일관하거나 전화를 받지 않거나 심지어는 관계를 끊어버리기까지 합니다. 그러면서 말로 화를 표현하지 않았기 때문에 자기는 상대방에게 아무런 상처를 주지 않았다고 생각합니다.

감정을 표현하기는 하되 서칠고 무분별하게 드러낼 때도 있습니다. 소리를 지르고 물건을 내던지며 자신의 감정을 있는 대로 다 쏟아놓고서 "나는 뒤끝이 없는 사람이야"라고 하는데, 이 두 가지 행동 모두 '감정을 표현한 것'이 아니고 '감정적인 행동을 한 것'이라 볼 수 있습니다.

이런 식으로 감정적인 행동을 하는 대신에 자기 자신이 느끼는 감정이 무엇인지 그리고 왜 그렇게 느끼는지를 말하면 상대방은 나의 감정표현에 방어적으로 반응을 하기보다 나를 이해하고 나에게 공감해줄 확률이 훨씬 높습니다. 그리고 감정에너지의 흐름도 원활해집니다.

이처럼 몸에 때가 끼면 씻어내야 하듯이 쌓인 감정이 있으면 이를 표현하며 사는 것은 자연스러운 일입니다. 감정을 표현하며 살아야 하는 이유가 한 가지 더 있습니다. 바로 마음의 상태가 생각으로 전이되지 않도록 하기 위해서입니다. 때로 생각은 계속 부풀려지고 전혀 막다른 골목, 심한 경우 관계의 단절까지 초래할 수 있습니다.

예컨대 아들이 아침 일찍 도서관에 공부하러 갔는데, 앞집 아주머니가 놀러 오셨다가 "이 집 아들 아까 피시방으로 들어가던데…"라고 말했다고 해보죠. 그 말을 들은 엄마는 온종일 마음이 편치 못했습니다. 마침내 아들이 돌아왔습니다.

아들이 "엄마, 빨리 밥 주세요. 공부를 열심히 했더니 배가 많이 고파요"라고 했을 때, 종일 편치 못했던 엄마의 마음을 표현하지 않는다면 그래서 서로 소통하지 못하면 어떻게 될 까요?

"헐! 이 아들 피시방에 갔다 왔으면서 천연덕스럽게 거짓 말도 잘하네, 지난번에도 도서관이 아니라 피시방에 간 거 아 니야!" 하면서 생각에 생각이 꼬리를 물어 온갖 추측을 하게 되고 그러다 보면 언젠가는 아들과 한바탕하게 될지도 모릅 니다. 그런데 사실 아들은 피시방에 가기는 했지만, 게임을 하 러 간 것이 아니므로 아들은 아들대로 엄마의 추측성 발언에 크게 상처를 받게 될 수 있으니 감정적 행동을 하지 않도록 신 경써야 합니다.

1 · 나는 지금까지 주로 '감정을 말로 표현'해왔을까요? 아니면 '감정
　　적 행동'을 해온 것일까요? 만약 '감정적 행동'을 했다면 어떤 식
　　으로 했나요? 혹은 상대방의 '감정적 행동'으로 인해 상처를 받았
　　던 경험에는 어떤 것들이 있을까요?

....

....

....

....

....

2 · 감정적 행동을 하기보다 감정을 말로 표현하기 위해서는 우선 나의
　　마음상태를 나타내주는 감정이 어떤지를 아는 것이 중요합니다.
　　그러니 매일 아침 잠자리에서 일어났을 때 자신의 기분이 어떤지
　　를 살펴봅시다. 이를테면 '설렌다', '경쾌하다', '귀찮다', '불안하
　　다', '억울하다', '의기소침하다', '평화롭다' 등의 감정 단어를 사용
　　하여 나의 감정을 표현해보는 겁니다. 여기서 특별히 아침에 하
　　면 좋은 점은 하루를 시작하면서 나 자신의 기분이 어떤지를 아
　　는 것이 하루를 잘 보내는 데 도움이 되기 때문입니다.

예) 나는 좀 긴장이 된다. 왜냐하면, 오늘은 취업면접을 보러 가는 날이기 때문이다.

＊ 이때 중요한 것은 '생각'을 표현하는 단어가 아니라 '감정'을 나타내는 단어를 쓰는 것인데, 다음에 '감정'을 표현하는 단어들을 모아봤습니다.

내 마음을 나타내는 감정 · 정서 단어들

가뿐한, 가슴 아픈, 가혹한, 간절한, 갈망하는, 감격스러운, 감동적인, 감미로운, 감사한, 감탄스러운, 걱정스러운, 경멸스러운, 경쾌한, 고단한, 고독한, 고립된, 고마운, 고무적인, 고민스러운, 고생스러운, 고요한, 고통스러운, 공허한, 과민한, 괘씸한, 괴로운, 권태로운, 귀찮은, 그리운, 기가 막힌, 기가 죽은, 기대하는, 기쁜, 긴장한, 꼴사나운, 낙담한, 낙천적인, 날아갈 듯한, 놀라운, 눈물겨운, 다정한, 답답한, 당황스러운, 두려운, 따분한, 마음이 무거운, 만족스러운, 망설이는, 멋진, 명랑한, 무서운, 무시 당한, 무심한, 무안한, 무정한, 뭉클한, 미어지는, 미운, 민망한, 바라는, 반가운, 밝은, 버거운, 벅찬, 보람찬, 부끄러운, 부담스러운, 부러운, 북받치는, 분통 터지는, 불만스러운, 불쌍한, 불안한, 불쾌한, 불편한, 불행한, 비장한, 비참한, 사랑스러운, 사무치는, 산뜻한, 살맛 나는, 상냥한, 상쾌한, 상큼한, 서글픈, 서러운, 서먹한, 서운한, 설레는, 섭섭

한, 소망하는, 속상한, 속 타는, 수줍은, 수치스러운, 순수한, 숨 가쁜, 숨 막히는, 슬픈, 시원한, 신나는, 실망스러운, 싫은, 싫증 나는, 심란한, 싱그러운, 쓸쓸한, 씁쓸한, 아쉬운, 안타까운, 암담한, 애끓는, 애석한, 애처로운, 애태우는, 애통한, 애틋한, 야속한, 약오르는, 얄미운, 억눌린, 억울한, 언짢은, 역겨운, 열렬한, 열망하는, 염려하는, 오싹한, 외로운, 우스운, 우울한, 울적한, 원망스러운, 위태위태한, 유감스러운, 유쾌한, 음울한, 의기소침한, 절망스러운, 절박한, 정겨운, 정열적인, 조마조마한, 주눅 든, 즐거운, 지겨운, 지루한, 질투심 나는, 짜릿한, 짜증 나는, 착잡한, 참담한, 창피한, 처량한, 처참한, 초라한, 초조한, 침울한, 침통한, 쾌적한, 쾌활한, 통쾌한, 포근한, 한스러운, 행복한, 허전한, 허탈한, 홀가분한, 화끈거리는, 화나는, 활기 있는, 활발한, 황당한, 황량한, 황홀한, 후련한, 후회스러운, 흐뭇한, 흥분된

2

감정,
인간 생존의
핵심 무기

청천벽력처럼 말기 암이라는 진단을 받는다면 여러분은 어떤 마음이 가장 먼저 들 것 같으세요? 이를테면 속이 더부룩하다든지 아니면 가슴이 쓰리다든지 하는 식으로 초기, 중기 때도 암은 이미 몸으로 신호를 보냈을 텐데, 그 신호들을 다 무시하고 왜 이제야 왔느냐고 의사는 나무라기까지 합니다.

우리는 몸이 부드럽게 말을 할 때는 전혀 듣지를 않다가 몸에 이상이 조금 생겨서 더 이상 몸이 말을 안 들을 때 병원을 찾는 경우가 더 많습니다. 몸은 끊임없이 감각으로 우리에게 말을 걸어오지만 우리는 그 신호들을 무시할 때가 꽤 있습니다. 따라서 지금부터라도 몸의 신호들에 귀를 기울여 그때 그때 반응을 보여주면 우리는 건강을 좀더 쉽게 유지할 것입니다.

마음에 대해서도 마찬가지입니다. 내 마음을 안다는 것은 나 자신을 이해한다는 것이고 나를 이해하는 것은 이 세상을 살아가는 데 기본이 됩니다.

나 자신이 뭘 좋아하는지 알아야 내가 원하는 것들을 해줄 수 있고, 내 성격을 잘 파악해야 관계 속에서 제대로 대처해 나갈 수 있는 것처럼, 행복하게 살기 위해서는 지금 이곳에서 내 마음을 잘 감지해야 합니다.

그럼 어떻게 해야 내 마음을 잘 알 수 있을까요? 찬찬히 감정을 한번 들여다보세요. 내 감정은 "내 마음은 이렇습니다"라고 알려주는 신호등이기 때문입니다.

이는 하워드 가드너의 8가지 다중지능 중 '자기이해지능'과도 밀접한 관련이 있습니다. 예전에는 'IQ가 얼마인가?' 하는 식으로 지능을 하나로 보았습니다. 물론 그 지능 안에는 지능을 구성하는 요소들이 여러 개 있다고 본 것이지요.

하지만 요즘에는 이러한 단일지능 대신 다중지능이 주목받고 있습니다. 다중지능이론의 핵심은 인간의 지능을 처음부터 언어지능, 논리수학지능, 음악지능, 신체운동지능, 공간

1장. 지금 내 마음은 이렇습니다

지능, 자연탐구지능, 사회성지능, 자기이해지능의 8가지 영역으로 나누어서 봅니다.

이 중에서 자기이해지능은 자신의 감정에 이름을 붙이고 그 감정이 생긴 원인을 알아서 어떻게 하면 그 감정을 풀어갈 수 있는지를 파악하는 능력인데, 이때 자신이 느끼는 감정에 이름을 붙이는 것이 무엇보다도 중요합니다.

내가 지금 느끼는 감정이 어떤 것인지를 알아야 그에 대한 대처가 가능하기 때문인데, 내가 느끼는 감정이 무엇인지를 알게 되면 당연히 그 감정에 대한 통제력과 자신감도 더불어 생기게 됩니다.

더욱이 자신의 마음을 잘 아는 사람일수록, 즉 자기이해지능이 높은 사람일수록 더 성공적이고 더 행복한 삶을 살 수 있다고 가드너는 덧붙입니다.

예컨대 내 마음이 지금 우울하다고 느낄 때 자기이해지능이 높은 사람은 자신이 왜 우울한지를 살펴볼 수 있고, 그러면 아침에 남편과 다툰 일 때문에 내가 우울해졌다는 것을 알게 됩니다.

이제 그 이유를 알았으니 남편에게 문자로 내 감정을 표현하거나 그것이 여의치 못하면 친구를 만나 내 마음을 털어놓으며 대화를 나누다 보면 기분전환이 되어 우울한 기분에서 빠져나올 수 있고, 그 결과 남은 시간을 좀더 편안하게 보낼 수 있습니다.

나아가 자기이해지능이 높은 사람은 자신뿐만 아니라 다른 사람의 감정에도 민감하게 잘 대처하기 때문에 인간관계 또한 원만해질 수 있습니다.

그렇다면 평소 나 자신의 모습은 어떤가요?

우리 대부분은 살면서 감정을 억누르는 것이 습관처럼 되어서 자신의 마음상태를 잘 모를 수 있습니다. 아니 자신의 마음상태를 아는 것에 관심조차 두지 않는다는 말이 더 맞을지도 모릅니다. 게다가 우리는 생각으로 감정을 통제하려는 경향이 있습니다.

그러나 감정을 아무리 이성으로 내리눌러도 감정의 힘이 막강해서 때때로 어떤 감정이 강하게 올라올 수 있습니다.

예컨대 명품 가방을 들고 모임에 나오거나 좋은 아파트에 살면서 자녀를 외국으로 유학 보내는 친구를 보면 부럽기도 하고 질투심이 느껴지기도 합니다. 때로는 내 모습이 초라해 보여 우울해질 수도 있습니다. 물론 그런 감정을 느끼는 순간 속 좁아 보이는 마음이 들키기라도 할까봐 얼른 마음속 깊숙이 밀어 넣어버릴 때도 있습니다.

하지만 내 마음을 보았으면 이제 내 형편껏 나를 돌봐주면 됩니다. 혹 형편이 안 되면 그 상황으로 인해 야기된 감정을 억누르지 않고 그대로 표현하면서 인정해줍시다.

이를테면 "○○야! 나이 50이 넘었는데 아직도 전셋집에 살면서 명품 가방 하나 살 형편이 되지 못한다고 생각하니 많이 울적하지. 잘 사는 친구가 부럽기도 하고…"라면서 나 자신을 위로해주는 것만으로도 마음이 편안해지고 평정심을 회복할 수 있습니다.

여기서 한 가지 기억할 점은 감정은 도덕적 잣대로 판단받을 성질의 것이 아니라는 겁니다. 감정은 그저 내 마음상태를 나타내주는 지표일 뿐입니다. 누군가 말했듯이, 내가 어떤 감정을 느낄 때 그것이 옳은가 그른가를 묻는 것은 마치 배가 고파서 꼬르륵 소리가 나는데 그것이 옳은지 그른지를 묻는 것과 같기 때문입니다.

이처럼 지금 내 마음상태가 어떤지에 대한 정보를 주는 감정은 마치 신호등과 같은 역할을 합니다. 우리의 감정은 어떤 외적인 자극에 의해 환경 안에서 내 몸의 상태가 어떻게 변화됐는지를 알려주는 신호라고 할 수 있는데, 우리가 감정이라는 것을 머릿속에서 인지적으로 알게 되는 것 같지만 사실은 몸으로 반응이 먼저 오는 편입니다.

그래서 우리는 감정을 표현할 때 신체와 연관된 표현들을 많이 씁니다. 예를 들면 "속이 뒤집힌다, 진땀이 난다, 등골이 오싹하다, 심장을 후벼 파는 것 같다, 가슴이 철렁 내려앉는다, 화가 머리끝까지 치민다, 뒷골이 당긴다, 가슴에 피멍이 든다, 오금이 저리다"같은 것들이 있습니다.

그러기 때문에 내 마음이 어떤지를 잘 모르겠으면 지금 내 몸으로 느껴지는 몸의 반응을 통해 자신의 감정이 어떤지를 들여다보는 것도 좋습니다.

거듭 강조하지만, 감정은 지금 이 상황에서 내 몸의 반응을 통해 나의 마음이 어떻다는 것을 나와 다른 이에게 알려주는 신호라고 할 수 있습니다.

예컨대 골목길을 돌아서다가 저 앞에서 시커먼 개가 오고 있는 것을 보는 순간 몸을 움츠리거나 사시나무 떨듯이 오들오들 떨면서 무서움을 느껴 다시 뒷걸음질을 쳐서 달린 경험이 누구나 한 번쯤은 있습니다.

그런데 감정은 신호등의 역할을 하는 것에서 그치지 않고 더 나아가 인간의 생존에 필요한 무기처럼 쓰이기도 하는데, 위의 예에서 살펴본 것처럼 우리가 지금 이 상황에서 안전한

지 안전하지 않는지를 감지함으로써 우리 몸이 최선의 상태로 즉 생존에 가장 적합한 상태로 변화되게 만들어주기 때문입니다.

1 · 감정은 내 마음상태를 알려주는 신호등과 같습니다. 그럼 내가 느낀 감정에 이름을 붙이고 그 원인을 알아서 풀어갈 수 있는 능력인 나 자신의 '자기이해지능'은 100점 만점에 몇 점이나 될까요? 우선 지금 느낀 감정에 이름을 붙이면서 시작해보세요.

2 · 앞장에서는 매일 아침 자신의 기분이 어떤지를 살펴보라고 했습
니다. 이번에는 나의 마음상태를 '감정단어'를 사용해서 알아보
는 것이 아니라 '내 몸이 보이는 반응'을 통해 현재 나의 감정이
어떤지를 알아차려 봅시다.

지금 내 마음이 어떤지를 예를 들어 '비위가 상한다', '먹은 게 소
화가 안 된다', '복장이 터진다'처럼 표현해보는 것입니다. 감정을
표현할 때 쓰는 신체와 연관된 표현들은 앞의 본문에 여러 가지
예시가 나와 있습니다.

3

'네'와
'아니오'
사이에서

나이 들어간다는 것은 어쩌면 삶이 고통스럽고 힘들다는 것을 알아가는 시간이라는 생각이 듭니다. 그런데도 우리가 하루하루 살아갈 수 있는 것은 그런 내 마음을 표현할 수 있는 '감정'이 있기 때문입니다. 이를테면 매일 힘든 일들이 생기지 않도록 할 수는 없지만 힘든 일들로 인해 생긴 감정을 바깥으로 표현하며 해소시키다 보면 마음이 한결 가벼워지는 것을 느끼게 됩니다.

그렇다면 우리는 선물처럼 주어진 감정을 과연 잘 사용하고 있을까요?

물론 어린아이들일수록 자신의 감정을 있는 그대로 표현

합니다. 하지만 말을 배우고 한 살 두 살 나이를 먹으면서 우리는 점점 감정표현을 억누르고 잘하지 않게 됩니다.

말로 표현을 하지 않고 마음속에 억눌렀다고 해서 감정이 사라진 것은 아닙니다. 감정은 말로 표현하지 않으면 비언어적인 표현으로 나타납니다. 그래서 말로는 '네'라고 했어도 표정에는 은연중에 '아니오!'라고 씌어 있습니다. 감정은 숨길 수가 없습니다.

여기서 비언어적인 표현이란 표정, 몸동작, 목소리 톤과 억양 등으로 나타나는 것을 가리킵니다. 그리고 이러한 비언어적 행동들이 때로는 언어적 표현보다 더 강력하게 작용하기도 합니다.

예를 들면 '나 화났어'라고 말하는 것보다 방문을 쾅 닫고 방으로 들어갈 때 우리는 상대방이 화가 많이 난 상태라는 것을 더 잘 느낄 수 있습니다.

호의나 반감 등의 감정을 전달하는 커뮤니케이션에 관한 앨버트 메라비언의 연구를 살펴보면, 다른 사람에게 감정을 표현할 때는 말로 하는 것보다 비언어적인 것으로 표현을 할 때 더 큰 영향을 끼친다고 합니다.

비언어적인 표현 중에서도 표정이 가장 비중이 크고, 다음으로는 목소리의 톤과 억양 순입니다. 그래서 표정과 말이 일치하지 않을 때는 표정으로 전달하는 표현이 더 우세한데, 말은 거짓으로 할 수도 있지만 나도 모르게 드러나는 비언어적인 것들은 숨기기가 쉽지 않기 때문입니다.

가족관계 속에서 우리는 흔히 남편이나 아내의 표정을 비롯한 몸짓언어를 통해 상대 배우자의 기분을 알아차릴 때가 많습니다. 물론 부모-자녀 관계에서도 마찬가지이고요.

예를 들면 자녀들은 아빠나 엄마의 표정만 보고도 두 사람이 지금 싸운 상태인지 아닌지를 쉽게 알아챕니다. 그런데 이런 상황에서 아이가 "엄마, 아빠랑 싸웠지?"라고 했을 때 표정과 다르게 "아니, 얘가 지금 무슨 말을 하는 거야. 싸우긴. 왜 싸워!"라고 한다면 아이는 어떨까요?

아이는 자신의 판단에 대해 의심을 하게 됩니다. 아빠와 엄마는 분명히 싸운 표정을 하고 있는데, 말로는 싸우지 않았다고 하니까 아이는 점점 자신의 판단에 확신을 갖지 못하게 됩니다. 그리고 그런 일이 여러 번 반복될 때 그것은 아이의 자신감에 영향을 미치기도 합니다.

예컨대 학교 수업 중에 선생님이 질문했을 때, 아이는 설령 답을 알아도 손을 들고 대답을 하기가 쉽지 않습니다. 왜냐하면, 집에서 엄마가 자신의 판단을 잘못된 것이라고 야단을 쳤던 경험이 여러 번 있기 때문입니다.

그러다 보니 선생님도 내 대답이 틀렸다고 하시면 어쩌나 하는 마음이 정답을 말할 용기를 내지 못하게 합니다. 결국, 아이는 성장하면서 자신감도 없고 자존감도 낮은 성인으로 자랄 가능성이 있습니다.

그런데 여기서 한 가지 주목해야 할 것이 있습니다. 사람에 따라 감정이 실려 있는 비언어적인 표현들을 대수롭지 않게 여기는 경향이 있는데, 감정을 하찮은 것으로 보는 사람의 경우에는 더더욱 그렇습니다.

그래서 이들은 우울함이나 분노, 슬픔 등의 감정이 올라올 때 그것을 표현하기보다는 억누르고, 심지어는 누가 봐도 화가 난 표정임에도 불구하고 "나 화 안 났어!"라고 소리를 지르기도 합니다.

하지만 말만 그렇게 했을 뿐입니다. 그의 얼굴과 목소리 톤을 보면 누가 봐도 화가 났다는 것을 알 수 있습니다. 그의 화난 마음은 물건을 거칠게 다루고 옷을 벗어서 아무렇게나 놔두며 문을 쾅 닫는 행동을 통해서 표현되기도 합니다. 그리고 상대방은 이런 말로 보내는 메시지와 표정이나 몸짓으로 보내는 메시지가 다른 '이중구속 메시지'를 통해 더욱 마음이 상할 수 있습니다.

이러한 이중구속 메시지는 앞에서도 삼깐 언급되었지만, 주변에서 쉽게 목격됩니다. 엄마가 평소에 말로는 늘 건강한 것이 최고라고 했는데 막상 결과가 좋지 않은 성적표를 받아 오면 한숨을 내쉬며 혼내는 모습을 보이는 경우가 바로 그런 예에 해당합니다.

이런 사례도 있습니다. 아들이 군대 가는 친구를 멀리까지 배웅하러 간다고 합니다. 아들의 친한 친구이기 때문에 안 된다고 할 수는 없지만, 엄마는 다음 주가 중간고사 기간이기 때문에 아들이 안 갔으면 하는 마음이 더 큽니다. 그러다 보니 엄마가 말로는 '다녀오라'라고 했으나 얼굴에는 '가지 마!'라고 씌어 있습니다.

또 한 가지 기억해야 할 것이 있습니다. 우리는 흔히 침묵으로 일관하면서 말로 상처를 주지 않으면 타인을 아프게 하지 않았다고 생각한다는 겁니다. 때로는 주먹을 보이는 폭력보다 말로 하는 언어폭력이 상대방에게 더 상처를 줄 수 있는데, 침묵은 어찌 보면 언어폭력보다 더욱 안 좋을 수 있습니다.

부정적인 말을 밖으로 내뱉지는 않았지만, 마음속에 있는 부정적 감정이 몸짓언어들을 통해 상대방에게 말보다 더 강렬하게 전달되기 때문입니다.

더욱이 표현되지 않은 감정은 때로 몸에 흔적을 남기기도 하는데, 그럼 '몸에 흔적을 남기다'라는 말은 정확히 어떤 의미일까요?

· 사례 1 ·

헤어진 지 벌써 수년이 되었는데도 누군가가 길거리에서 나를 떠난 연인의 이름과 같은 이름을 부르면, 그 순간 내 가슴은 철렁 내려앉습니다. 뿐만 아니라 하루종일 우울한 기분에서 벗어날 수가 없습니다.

· 사례 2 ·

사회복지사들에 의하면 보육원에서 생활하는 아이들은 특별히 보육원으로 보내진 날이나 자신의 엄마가 돌아가신 날 평소와 다른 모습을 보이는 경우가 종종 있다고 합니다. 이를테면 그런 날 아이들의 기분이 아주 저조되거나 아니면 몸이 아프거나 한다는 것입니다.

· 사례 3 ·

봄이 오면 급격히 우울해지는 한 중년여성이 있습니다. 그는 몇 년 전 어느 봄날 몸져누운 친정어머니의 간호를 위해 어쩔 수 없이 직장을 그만둘 수밖에 없었습니다. 지금은 친정어머니도 건강해지셨지만, 벚꽃이 만개하는 4월만 되면 우울한 마음에서 벗어날 수가 없다고 합니다.

얼룩말 같은 동물들은 생명을 위협하는 사건에 끊임없이 노출되어 있으나 몸에 흔적이 남지 않는다고 합니다. 왜일까요?

생물학적으로 동물과 인간은 위협(스트레스)상황에 처하면 몸이 알아서 호르몬을 분비합니다. 처음에는 싸우기에 적당한 에너지(호르몬)가 나오고 두 번째는 도망가기에 적당한 에너지(호르몬)가 나옵니다. 그리고 더 위협적인 상황이 되면 얼어붙기에 적당한 더 많은 에너지가 나옵니다.

그런데 스트레스 상황으로 인해 방출된 이 에너지를 털어내지 않으면 나중에 문제가 되기 때문에 야생동물은 안전한 장소로 힘껏 도망가서 몸을 떨면서 위협(스트레스)상황에서 생긴 에너지를 털어버립니다.

하지만 사람은 감정에너지를 털어내기보다는 생각으로 감정을 통제하려고 애쓰기 때문에 몸에 남아 있는 감정에너지는 몸에서 문제를 일으키게 됩니다.

특히 관계 속에서 일방적으로 받는 스트레스(감정)를 생각으로 통제하며 마음속에 억누르는 '감정노동자(자신의 감정을 억누르고 통제하는 일을 일상적으로 수행하는 노동자)'들의 경우에는 더더욱 몸에 문제가 생길 수밖에 없습니다. 그래서 요즘 몸 안의 감정에너지를 털어낼 수 있는 춤치료, 운동치료처럼 몸을 매개로 한 치유 프로그램들이 사람들의 관심을 끌고 있는지도 모릅니다.

1 · 나 자신은 잘 모를 수도 있지만 내가 자주 드러내는 비언어적인 표현에는 어떤 것들이 있는지 가까운 주변 사람들에게 물어봅시다. 그리고 본문의 몇 가지 사례에서처럼 표현하지 못하고 억눌러둔 감정이 나의 몸에 흔적을 남긴 경우가 혹시 있으면 적어봅시다.

2 · 이번에는 거울을 보면서 '희로애락의 감정표현'을 연습해보면 어떨까요? 이를테면 기쁜 일을 상상하면서 그 감정을 말로 표현할 뿐만 아니라 표정도 지어보는 것입니다. '감정 단어목록'을 참고해서 표정을 지어보면 좋습니다. 꾸준히 하다 보면 언어적인 표현과 비언어적인 표현, 그러니까 표정이나 목소리 톤 혹은 몸짓이 점점 일치해갈 것입니다.

2장

나를 움직이는 감정의 힘

1

감정이
전이되는
순간

인간이 동물과 다른 점은 무엇일까요? 여러 가지를 들 수 있 겠지만 가장 쉽게 떠올릴 수 있는 것은 언어를 사용하면서 이 성적으로 사고할 수 있다는 점입니다. 그런데 삶 속에서 이성 적으로 사고하는 습관은 마침내 감정까지도 이성으로 통제하 려는 경향으로 이어졌습니다.

이를테면 누가 봐도 감정에 대한 공감이 필요한 상황인데 이성으로(옳고 그름으로) 반응을 보이려 합니다. 그리고 이것 은 종종 관계 속에서 갈등의 한 요소로 작용합니다.

예를 들어 아들이 "아빠, 날씨가 너무 좋아요. 나 오늘 공 부하기 싫어요. 우리 공 차러 학교운동장에 가요"라고 말하면,

아빠는 일단 그 감정을 알아주기보다는 "아들아! 이렇게 좋은 날, 부족함이 없는 환경에서 시험도 얼마 남지 않았잖아. 공부해야지. 아빠는 너만 할 때 책상이 다 뭐야? 밥상에서라도 공부할 수 있는 게 감사했지"라는 식으로 이성(생각)의 언어로 반응을 보내기 일쑤입니다.

물론 아빠의 말이 틀린 것은 아닙니다. 하지만 이러한 반응은 아들의 마음에 앙금을 남길 수밖에 없는데, 감정은 그 본질상 이성(생각)이 아니라 오로지 공감을 받을 때만 풀리기 때문입니다.

그렇다면 다음 질문에 답을 해봅시다.

살아가면서 인간의 이성이 감정을 지배할까요? 아니면 감정이 이성을 지배할까요? 어려워 보이지만 생각보다 쉬운 질문입니다. 왜냐하면 우리의 일상생활을 돌아보면 금세 답이 나올 수 있기 때문입니다.

다시 말해 우리는 자기 자신을 굉장히 이성적이라고 생각하면서 매일 가족관계나 다른 인간관계들을 잘 맺어가려고 애를 씁니다. 하지만 생각처럼 잘되지 않습니다.

좀전에 언급했던 사례에서처럼 이 좋은 날씨에 공 차고 싶은 내 마음을 몰라주는 아빠가 너무 미울 때 "우리 아빠는 정말 훌륭한 분이셔. 그리고 나를 최고로 사랑하시지"를 마음속으로 수없이 되뇌이면, 과연 아빠에 대해 화나는 감정이 사라질까요?

당연히 사라지지 않습니다. 우리의 삶에서 감정의 힘은 막강합니다. 다만 인간은 이성적인 존재가 되려고 노력할 뿐입니다. 심리학 이론 중에 '감정전이 현상'이 이를 잘 설명해줍니다.

이 현상은 어떤 대상에 대한 감정이 그와 관련된 다른 것에까지 옮겨지는 것으로 어떤 사람이 좋으면 그 사람과 관련된 모든 것들이 긍정적으로 느껴지고, 반대로 어떤 사람이 싫으면 그 사람과 관련된 모든 것들이 다 부정적으로 보이는 것을 말합니다.

흔히들 사랑에 빠진 사람들을 일컬어 "눈에 콩깍지가 씌다"라고 하는데, 이 또한 감정의 힘에 대해 이야기하는 표현입니다. 다시 말해 콩깍지가 씌면 주변에서 아무리 말려도, 또해서는 안 될 결혼임에도 불구하고 이성이 감정 앞에 무릎을 꿇는 경우를 종종 보게 됩니다.

이렇듯 우리는 살아가면서 '감정전이 현상'을 얼마든지 찾아낼 수 있습니다. 예컨대 어떤 분은 전 사위가 ○식품의 과장이었는데, 딸의 이혼 후 '○'라는 말만 들어도 심기가 몹시 불편해졌습니다. 그러다 보니 당연히 전에는 ○식품과 관련된 것들을 사 오고 또 맛있게 먹었지만, 지금은 마트에서 ○식품이 보이기만 하면 그곳을 지나치는 것조차 하지 않으려고 저쪽으로 돌아서 가게 된다고 합니다.

그런 연유로 우리는 누군가가 싫으면 그 사람이 아무리 옳은 말을 해도 그 사람의 말에 동의하기가 쉽지 않습니다.

어떤 사람은 모임에서 유독 특정 인물과 친해질 수가 없었습니다. 왜냐하면, 예전에 자신의 돈을 떼어먹은 사람과 이름이 같았기 때문입니다. 돈을 떼어먹은 사람과 단지 이름이 같다는 이유만으로 그냥 그가 싫어졌고 그러다 보니 아무리 애를 써도 그 사람에게 살갑게 다가갈 수가 없었다는 고백을 하였습니다.

아들딸을 결혼시킨 분들과 이야기를 하다 보면 감정이 전이된 경우와 쉽게 맞닥뜨리게 됩니다. 아들 집에 갔을 때 아들이 설거지며 청소를 하면 며느리가 해도 되는데 굳이 아들을 시키는 것 같아서 마음이 편치 않다고. 하지만 딸 집에 갔을 때 사위가 설거지나 집 안 청소를 하는 걸 보면 마음이 흐뭇하다고.

이처럼 지금 아들이나 사위가 설거지나 집 안 청소를 할 상황인가를 이성적으로 생각하기보다는 "내 아들이나 딸이 얼마나 힘들까?" 하는 식으로 자신의 감정이 전이되는 순간 이성적으로 판단하는 것이 쉽지 않습니다. 이 말은 어떤 결정을 할 때도 감정의 힘이 더 크게 작용한다는 것을 뜻하는데, 사실 이성적인 사고를 하는 것도 어쩌면 감정을 정당화하기 위함일 때가 많습니다.

한 가지만 더 예를 들면 우리는 어떤 작가나 가수가 좋으면 그 작가의 책이나 그 가수의 앨범들을 무조건 다 사모읍니다. 그러니까 그 작가나 가수의 모든 책과 노래가 다 괜찮아서라기보다는 그 작가나 가수가 좋으니까 그들의 책이나 앨범을 모두 소유하고 싶은 것입니다.

친구도 그렇지 않은가요? 우리는 머릿속으로 계산을 해서 그 친구를 좋아하는 것이 아닙니다. 어떤 일을 계기로 혹은 첫눈에 그 친구가 마음에 들었고 그래서 친한 친구가 되고 보니 그 친구의 단점도 장점으로 보이고 혹 내가 손해를 입어도 서운한 생각이 드는 것 없이 오랜 친구 사이로 지낼 수 있습니다. 이렇게 특별히 좋은 감정이 전이되면 상대방을 이해하고 위로하며 사랑할 수 있게 됩니다.

지금까지 살펴본 것처럼 우리의 삶을 가만히 들여다보면 항상 합리적으로 살아가는 게 어렵다는 것을 인정하지 않을 수 없는데, 이것은 우리가 그동안 다양한 관계에서 이성적으로 생각해서 다른 사람을 있는 그대로 보기보다는 어떤 감정이 전이되어 내 마음대로 판단하고 추측해왔다는 걸 의미합니다. 그러므로 우리는 살아가면서 때로는 인간을 불합리하게 만드는 감정의 힘을 의식하고 지금부터라도 그것을 잘 다루어갈 필요가 있습니다.

1 · 지금까지 살아오면서 나 자신이 경험한 '감정전이 현상'에는 어떤 것들이 있을까요?

----

2 · 오늘 하루를 지내는 동안 나의 감정이 전이되었던 순간이나 사건
을 한 가지씩 찾아봅시다.

예를 들면 퇴근길에 빵집에 들렀는데 시폰 케이크가 세일 중이었
습니다. 이 부드러운 빵을 혼자 사시는 옆집 어르신께 드리면 좋
겠다는 생각에 하나를 집어들었습니다. 그 순간 "아, 우리 남편
도 이 시폰 케이크를 좋아하지"라며 하나를 더 집어들었습니다.
하지만 잠시 망설인 후 남편 것은 도로 내려놓았습니다. 왜일까
요?

아침에 출근 준비를 하면서 남편과 티격태격했고 아직 그에 대한
미움이 가시지 않았기 때문에 남편이 좋아하는 빵이지만 살 수가
없었습니다. 이런 식으로 매일의 삶 속에서 나의 감정이 전이된
순간을 찾아봅시다.

2

미움 때문에
마음이
번잡할 때

지금까지 살펴본 것처럼 우리의 마음상태를 말해주는 감정은 그것이 설령 부정적인 것이라 할지라도 존중받아야 마땅하지만, 실생활에서는 이성을 내세우며 감정을 이성보다 낮은 수준의 것으로 대하기 때문에 관계 속에서 감정을 잘 표현하지도 못하고 혹 표현했더라도 상대방은 '생각'으로 반응하는 경우가 허다합니다.

이는 상대방이 표현한 감정에 대해 '생각', 즉 판단이나 충고하는 형식으로 반응을 하게 된다는 말인데, 부정적인 감정을 표현했을 경우는 더욱더 그렇습니다.

예를 들면 식탁에서 아들이 고기반찬이 없어서 밥을 먹기 싫다고 짜증을 냅니다. 그때 아빠가 "이런 식탁을 보고 반찬이 없다고 투정하면 안 되지. 저기 아프리카에는 굶는 사람들이 얼마나 많은데! 옛날 솔로몬왕도 이런 맛있는 음식은 못 먹어 봤을 거다. 감사해야지"라고 말을 하다 보면 서로의 대화는 더 이상 이어지기 어려울 뿐만 아니라, 아들은 점점 자신의 감정을 표현하기보다 마음속에 억눌러버리게 됩니다.

이렇게 우리는 부정적인 감정표현을 받아주지 않으면서 긍정적인 감정만을 느끼라고 은연중에 강요하는 경향이 있는데, 몇 년 전부터 우리 사회의 화두가 되어온 '긍정심리학'에 대한 관심과 열풍 속에 우리가 중요한 것을 간과하고 있는 것은 아닌지 한번 점검해볼 필요가 있습니다.

긍정심리학의 창시자인 마틴 셀리그만은 프로이트 이후 가장 주목 받는 심리학자라고 할 수 있는데, 그는 우리에게 새로운 희망을 품게 합니다.

이를테면 과거의 심리학자들은 인간의 병적인 모습에 초점을 맞추어 인간이 가진 부정적인 정서를 없애려고 했는데, 긍정심리학은 인간의 긍정적 정서에 더 집중합니다. 긍정심리학의 핵심은 "행복은 긍정적인 정서에서부터 시작한다"라는 것입니다.

긍정심리학에서 특별히 '긍정적 정서와 수명의 관계'를 다

룬 실험 결과는 매우 의미가 있습니다. 이것은 수녀 180명을 대상으로 한 실험이었는데, 이들이 종신서원을 할 때 작성한 자기소개서와 수명 간의 관계를 연구했습니다. 수녀들은 사회경제적 지위가 같고 거의 유사한 생활방식을 보이기 때문에 정서와 수명의 관계를 쉽게 살펴볼 수 있었다고 합니다. 연구자들은 무엇보다도 자기소개서에 드러난 긍정적 감정을 수량화해서 활기찬 수녀 집단과 무미건조한 수녀 집단으로 구분하고, 이들이 몇 살까지 살았는지를 조사했습니다.

활기찬 수녀 집단은 90%가 85세까지 산 반면, 무미건조한 수녀 집단 가운데 85세까지 산 사람은 34%에 불과했습니다. 나아가 활기 넘치게 지낸 수녀들은 54%가 94세까지 살았지만, 그렇지 않은 수녀들 가운데 94세까지 산 사람은 11%정도 였습니다. 긍정적 정서가 인간의 수명에 상당한 영향을 미친다는 점을 알 수 있습니다.

조사방법으로는 종신서원을 한 수녀들에게 자신을 소개해 달라는 짤막한 글을 부탁하는 거였는데, 글을 쓰면서 '기쁘고 행복하다'든지 '소소한 즐거움' 등의 긍정적 표현을 사용한 수녀들이 부정적 정서가 들어간 내용의 글을 쓴 수녀들보다 훨씬 오래 살았다고 합니다.

긍정심리학이 사회의 많은 영역에서 긍정적 효과를 거두

고 있듯이, 긍정적인 마음을 가지면 가질수록 내 마음이 기쁘고 행복하다는 것은 맞는 말입니다. 하지만 긍정적인 정서를 매일 내 입으로 되뇌어도 내 마음은 누군가에 대한 미움으로 번잡할 때가 있습니다. 입으로는 기쁘다고 했는데 마음은 하나도 기쁘지가 않을뿐더러 그런 나의 마음이 비언어적 행동들인 내 표정과 몸짓으로 나타나기도 합니다.

그렇다면 왜 이런 일이 생기는 걸까요?

이유는 바로 우리가 표현하지 못하고 마음속에 억눌러둔 부정적 감정들 때문입니다. 소화되지 못하고 마음속에 체한 상태로 남아 있는 묵은 감정들이 문제인 셈입니다.

여기서 체했다는 것은 먹은 음식물이 소화 흡수되지 못했다는 것으로 체하면 위가 답답하고 더부룩하게 느껴지는데 이 상태에서는 계속 무언가를 먹을 수 없습니다. 마치 교통이 정체된 상태에서 내 차만 달릴 수 없는 것과 같습니다.

그럼 어떻게 해야 할까요? 체했을 때는 일단 굶는 게 최선입니다. 굶어서 속을 비우면 답답함이 사라지고 위장이 다시 정상으로 돌아오게 됩니다.

내 마음속에 쌓여 있는 부정적 감정들을 비워내지 않은 상태에서 긍정의 정서들을 무조건 집어넣으려고 하는 것은 마치 지저분하고 고약한 냄새가 나는 옷에 향수를 뿌려서 냄새를 없애려는 것과 같습니다. 향수를 아무리 뿌려도 냄새를 제거하는 데는 한계가 있습니다. 빨래를 해시 옷의 찌든때를 깨끗이 제거하는 것이 고약한 냄새를 없애는 가장 좋은 방법입니다.

따라서 날마다 긍정적인 생각을 하고 그 긍정적 생각의 씨앗들이 열매를 맺는 행복한 삶을 원한다면 먼저 내 마음밭을 일구는 것, 즉 마음속에 쌓여 있는 부정적 감정들을 비워내야 합니다. 그렇지 않으면 마음에 뿌려진 긍정적 생각의 씨앗들이 고여 있던 부정적 감정의 나쁜 양분을 먹어서 건강하게 자랄 수가 없습니다.

예를 들어 아이가 학교에서 선생님께 야단을 맞고 와서는 선생님이 너무했다며 흉을 봅니다. 이때 엄마가 "선생님께 그런 불손한 태도를 가지면 안 돼. 그것도 앞으로 선생님이 될 사람이…"라고 나무라기보다는, 아이의 속상한 마음이 감정 표현을 통해 빠져나갈 수 있도록 그 마음을 알아주고 또 공감해주는 것이 먼저입니다. 그런 식으로 부정적 감정이 어느 정도 빠져나갔을 때 비로소 조언이나 충고를 들을 여유가 생깁니다.

이처럼 부정적 감정을 먼저 **빼내는** 것이 중요한데, 어린 시절 아버지에 대한 상처가 큰 사람이 세대로 감정표현을 하지 못하고 마음속에 억눌러버리면, 직장생활을 하면서 아버지와 비슷한 모습의 상사를 만나게 되었을 때, 억눌러두었던 아버지에 대한 부정적 감정이 상사에게 전이되어 그 직장상사를 있는 모습 그대로 대할 수 없는 경우가 생깁니다.

억눌린 부정적 감정들이 풀어져야 긍정의 감정들이 뿌리내릴 수 있는 것은 상담현장에서도 종종 목격됩니다. 자녀가 아버지나 어머니로 인해 마음의 상처를 받았거나 서로 갈등 중에 있을 때 상담자에게 부모님에 대한 부정적인 감정들을 마구 쏟아놓습니다. 그들에 대한 긍정적 감정은 마치 하나도 없는 사람처럼 느껴질 정도입니다.

하지만 수차례에 걸쳐 이런 부정적 감정들을 쏟아놓으면 그때 비로소 아버지나 어머니에 대한 긍정적 감정들이 나오는 것을 보게 됩니다. 상대방에게 갖고 있던 부정적 감정들이 먼저 빠져나가지 않으면 마치 부정적 감정의 안경을 끼고 상대방을 보는 것처럼 상대방을 긍정적으로 보아줄 수가 없습니다.

긍정적 생각의 씨앗들이 내 마음속에 뿌리를 내려 풍성히 열매를 맺는 삶의 에너지로 작용하기 위해서는 마음속에 억눌려 있는 나의 부정적 감정들을 알아차리는 것이 우선되어야 합니다. 그런 다음에는 그 부정적 감정들을 말로 표현하여

비워내거나 그것이 가능하지 않을 때는 부정적 감정에너지만
이라도 밖으로 표출해주어야 합니다.

1 · 나 자신은 어떤 긍정의 생각들을 특히 받아들이기가 어렵나요?
예를 들면 '나는 할 수 있다', '나는 나름 괜찮은 사람이다', '나는
앞으로 잘 될 거야' 등등 그리고 받아들이기 어려운 것과 관련하
여 떠오르는 어떤 과거의 경험이 있나요?

....

....

....

....

....

....

....

....

....

....

....

....

2 · 이것을 생각해내어 말로 표현해보는 작업은 중요한데, 우리가 들은 부정적인 단어 한 마디를 중화시키기 위해서는 수십 번의 긍정적인 말이 필요하기 때문입니다.

또 한 가지 기억해야 할 것은 내가 그 당시 상대방이 했던 부정적인 말을 마음속에 담고 있는 것은, 진짜 내 옷이 아닌 그 사람의 옷을 입고 있는 것이나 마찬가지라는 점입니다. 그 사람은 나를 제대로 잘 알지도 못하면서 나의 어떤 행동에 대해 부정적으로 표현했습니다. 그러니 이제 남의 옷을 벗어버리듯 상처가 되었던 그 말을 여기에 적은 뒤 날려버리세요.

3

내 인생의
스트로크

스트로크(stroke)란 원래 라켓 운동에서 쓰이는 용어인데, 이 스트로크가 교류분석이라는 이론에서는 전혀 새로운 의미로 사용됩니다.

예를 들면 스트로크란 아침 저녁으로 '안녕하세요?' 하는 인사나 '○○야' 하고 상대방의 이름을 불러주는 것, 혹은 상대방의 말에 귀 기울이며 '이해해. 나라면 더했을 거야'라고 공감해주는 것, 그리고 누군가의 손을 잡아주거나 안아주는 것처럼 관계 속에서 우리가 주고받는 것들을 가리킵니다.

물론 스트로크에는 부정적인 것들도 많습니다. 나를 향해 욕하고 소리 지르고 나의 존재를 무시하는 말을 한다든지 나를 경멸하는 눈빛으로 바라보거나 때리는 것 혹은 나를 불쾌하게 하는 신체적 접촉도 있을 수 있습니다. 부정적인 스트로크는 한마디로 상대방이 나를 혹은 내가 상대방을 기분 나쁘게 만드는 어떤 자극들입니다.

에릭 번에 의하면 인간은 누구나 태어나서부터 죽을 때까지 신체적 접촉이나 언어적 표현들, 즉 스트로크를 통해 자신의 존재를 인정받고 또 사랑받고 있음을 느끼고 싶은 욕구를 강하게 가진다고 합니다.

이를테면 어릴 때는 안고 쓰다듬어주거나 어루만져주는 직접적인 피부접촉을 통해, 좀 더 성장해서는 '사랑해', '엄마는 너를 믿어', '네가 최고야', '잘했어', '힘들었겠다', '힘내!'처럼 긍정적 스트로크를 통해 자신의 존재를 확인하게 되는데, 우리는 가르침을 통해서라기보다는 직접 사랑을 받음으로써 사랑 그 자체를 알게 됩니다.

요즘은 뇌과학이 발달하면서 스트로크가 뇌 발달을 촉진한다는 연구결과들을 종종 보게 되는데, 태어나서부터 여섯 살까지의 영유아기는 다른 어느 시기보다 뇌 발달이 활발합니다. 신생아의 뇌에는 수십억 개의 뉴런이 들어 있지만, 뉴런과 뉴런을 연결하는 경로는 아직 발달하지 않은 상태여서 이 시기에는 아이 자신도 많이 움직이면서 뛰어놀아야 합니다.

2장. 나를 움직이는 감정의 힘

몸을 움직이며 접촉을 충분히 하고 뛰어놀 때 뉴런과 뉴런을 연결하는 시냅스가 오밀조밀하게 형성되어 뇌가 더 잘 발달하기 때문입니다.

우리 인간이 접촉과 같은 스트로크에 얼마나 목말라 하는지를 또 다른 면에서도 설명해볼 수 있습니다. 애플의 창시자인 스티브 잡스는 친부모에게서 버림받고 양부모에게서 양육을 받았다고 합니다. 이러한 영향 때문인지 스티브 잡스는 인생에 대해, 그리고 인간이 가진 욕구에 대해 평생 관심을 가졌습니다. 그렇게 해서 나온 결과물이 바로 우리가 손에서 거의 떼지 않고 사용하는 스마트폰입니다.

다시 말해 스마트폰의 핵심은 터치라고 할 수 있습니다. 스마트폰의 모든 조작은 터치를 통해 이루어지는데, 잡스는 인간의 기본 욕구인 접촉, 즉 터치의 욕구가 조금이라도 충족될 수 있도록 그 욕구를 스마트폰으로 담아냈다고 합니다.

스트로크와 관련하여 이런 예도 들 수 있습니다. 우리는 친구를 만났다가 헤어질 때도 "다음에 또 연락해"라고 하는데, 이 말 또한 서로가 지속해서 접촉하고 싶은 인간의 간절한 소망을 담고 있는 표현이라 할 수 있습니다.

인간이 밥을 먹지 않으면 살 수가 없듯이 이처럼 매일 우리는 접촉이나 말로 표현되는 사랑을 받아야만 이 세상을 살아갈 수 있는데, 이 사랑받고 싶은 마음은 어린아이일 때뿐만 아니라 청년기, 장년기, 그리고 심지어 노년기에도 계속 이어집니다.

이 사랑받고 싶은 마음은 또한 상담을 통해서도 여실히 드러납니다. 상담을 하다 보면 내담자들이 가져오는 문제들 대부분이 겉모습은 다양하지만, 진짜 문제는 사랑받고 싶은 마음을 다른 사람들을 통해 채우려다가 좌절된 경험들과 관련이 있습니다.

부부관계의 문제만 보더라도 겉으로는 성격 차이, 생활 습관의 차이, 시댁 문제 혹은 서로의 가치관이나 관심 분야가 달라서 힘들다고들 하지만, 문제의 핵심을 들여다보면 상대 배우자에게서 자신의 사랑받고 싶은 마음이 채워지지 않았기 때문에 오는 불만이 그러한 문제들로 둔갑한 것일 때가 많습니다.

부부관계뿐 아니라 어쩌면 우리는 일생을 통해 이 사랑받고 싶은 마음을 충족시키려고 인간관계를 맺어가면서 갈등을 겪고 또 상처를 주고받는 것이 아닌가 싶습니다.

따라서 이러한 본질적인 것에 대한 이해 없이 겉으로 드러난 문제만을 다루다 보면 해결의 실마리를 찾기가 쉽지 않습니다. 왜냐하면 분노, 두려움, 슬픔, 질투 등 우리가 느끼는 온 갖 감정들은 이 사랑받고 싶은 마음과 밀접한 관련이 있기 때 문입니다.

이처럼 관계 속에서 받는 상처와 문제들은 이 사랑받고 싶은 욕구가 채워지지 않았기 때문이라고 할 수 있는데, 관계 속에서 빚어지는 정서적 문제와 해결책 또한 '사랑'이라고 단언할 수 있습니다.

우리는 헬렌 켈러에 대해서는 잘 알고 있지만 그의 스승인 설리번에 대해서는 잘 모르는 편인데, 사실 설리번이 헬렌 켈러를 위해 그토록 큰 사랑을 베풀 수 있었던 것도 설리번 자신이 받은 사랑 때문이었습니다.

설리번이 어렸을 때 엄마는 죽고 아빠는 알코올 중독에 빠져 있었습니다. 그래서 설리번은 수시로 자살을 시도하였고 마침내 정신병동 지하 독방에 수용되었습니다. 그곳에서 모두가 치료를 포기했을 때 간호사인 로라가 설리번을 돌보겠다고 자청했습니다.

로라는 정신과 치료보다는 그냥 친구가 되어 날마다 과자를 들고 가서 책을 읽어주고 기도해주었습니다. 처음에는 로봇처럼 꿈쩍도 하지 않았지만, 마침내 2년이 지난 후 설리번은 마음의 건강을 되찾게 되었습니다.

그러던 어느 날 "보지 못하고, 듣지 못하고, 말하지 못하는 아이를 돌볼 사람 구함!"이라는 신문기사를 보고 설리번은 그 아이에게 자신이 받은 사랑을 돌려주기로 했는데, 설리번의 그런 결심과 사랑이 마침내 보지도 듣지도 말하지도 못하는 헬렌 켈러로 하여금 다른 장애인들을 위한 다양한 활동을 하는 인물이 되게 하였습니다.

우리는 자기 자신에게 이런 질문을 던져보아야 합니다. "매일의 삶 속에서 사랑받고 싶은 욕구는 충분히 채워지고 있는가?" 혹시라도 나 자신에게 너무 인색했다면 이제부터는 사랑을 베풀어야 합니다. '곡식은 농부의 발자국 소리를 듣고 자란다'는 말은 곡식도 농부의 정성스런 손길이 필요하고 그렇게 정성스럽게 돌볼 때 풍성한 수확을 거둘 수 있다는 뜻이지요.

들판의 곡식도 사랑하고 돌봐주어야 하는데 나는 어떠한가요? 어렸을 때는 부모를 비롯한 주변의 사람들이 나에게 관심을 가지고 나를 돌보아줍니다. 하지만 성인이 되어서도 남이 나를 돌봐주기를 바랄 수는 없습니다. 나에 대한 돌봄과 사랑을 내가 온전히 책임져야 합니다. 그러니 이제부터라도 내가 나를 정성껏 돌봐주어서 나의 사랑받고 싶은 마음이 억압되지 않고 잘 흘러가도록 해주어야겠습니다. 그럴 때 비로소 나에 대한 사랑이 흘러넘쳐 다른 사람들에게까지 흘러갈 것입니다.

1 · 살아오면서 내가 받은 긍정적 스트로크와 부정적 스트로크에는
어떤 것들이 있는지 구체적으로 적어봅시다.

----

2 · 주변 사람들에게 하루에 한 가지씩 긍정적 스트로크를 건네봅시
다. 예를 들어 출근하면서 제일 먼저 만난 사람에게 먼저 인사를
건넬 수도 있고 떨어져 있는 가족이나 친구들에게 전화나 문자로
따뜻한 메시지를 전할 수도 있습니다. 또 가족끼리 한 번씩 안아
주는 것도 좋겠지요.

3장

❧

감정 억압의 그림자

1

쿠폰을
모으듯 감정을
쌓아두면

감정은 그 본질상 쌓아두지 말고 표현해 흘려보내야 하지만 실제 우리의 삶에서는 그렇지 못한 경우가 많습니다. 자신이 느낀 감정을 표현하는 것은 그리 쉬운 일이 아니지요. 그래서 사람들은 감정을 직접 표현하기보다는 마음속에 차곡차곡 쌓아두는 경향이 있는데 그 결과는 매우 부정적입니다.

이렇게도 비유할 수 있습니다. 식탁 위에 놓여 있는 컵에 물이 가늑 찼는데도 계속 부으면 바닥으로 물이 흘러넘쳐서 나중에는 감당할 수 없게 됩니다. 마찬가지로 우리 내면에 있는 감정그릇도 한 번씩 비워주지 않으면 감정이 밖으로 흘러넘쳐 통제 불능 상태가 됩니다.

간혹 텔레비전 뉴스를 통해 아버지가 홧김에 아들의 컴퓨터 모니터를 10층 베란다에서 던져버렸다든지 아니면 부부싸움 중에 배우자를 칼로 찔러 중태에 빠지게 한 경우를 접하곤 하는데, 이것들은 자신의 감정그릇이 넘쳐서 빚어진 결과들입니다.

우리는 그때그때 생겨나는 감정들을 해소하고 표현하기보다는 뭔가를 수집하듯이 하나하나 마음속에 쌓아두는 경향이 있는데, 문제는 감정을 쌓아두는 것으로 끝나지 않는다는 것입니다.

이것은 마치 특정 가게에서 얼마 이상의 물건을 사면, 받게 되는 쿠폰을 일정 개수 모은 고객에게 보너스를 주는 상황과 비슷합니다. 예를 들어 피자나 치킨을 10번 시켜 먹고서 모은 쿠폰 10개를 주면 피자 1판 혹은 치킨 1마리를 무료로 주는 것과 같습니다. 혹은 커피숍에서 커피를 10번 마시면 무료로 1잔을 마실 수 있는 것에 비유할 수도 있습니다.

살아가다 보면 어떤 자극에 대한 반응으로 자연스럽게 감정이 생겨날 수밖에 없는데, 앞에서 설명한 것처럼 우리는 이런 감정을 표현하기보다는 쿠폰을 모으듯이 쌓아둔다는 것입니다. 이때 문제는 감정쿠폰들을 여러 개 모은 후 그것들을 어떤 식으로 처리하는지에 대한 것인데, 대부분의 경우 '감정폭발'로 그동안 누적된 감정쿠폰들을 청산할 때가 많습니다.

예를 들어 어떤 청년은 공무원 시험 준비를 위해 학원에 다니는데, 아무래도 나이 30이 넘어 20대의 젊은이들과 함께 학원에서 공부하다 보면 위축되어 의기소침해질 때가 있습니다. 그런 감정이 생길 때마다 참고 또 참다가 결국 2주에 한 번 정도 토요일 밤이면 자신의 원룸에서 치킨을 두 마리씩 시켜서 실컷 먹는다고 합니다.

또 다른 대학원생은 중간고사와 기말고사가 끝나면 한 번씩 잠적합니다. 이 대학원생은 학기 중에 넘치는 과제로 인해 받는 스트레스를 참고 또 참았다가 중간고사나 기말고사가 끝나면, 며칠씩 피시방에서 살다시피 하면서 게임을 하는 것으로 그동안 쌓아둔 감정을 폭발시킨다고 합니다.

또 이런 사람도 있습니다. 어려서부터 매우 가난하게 살아서 남자이지만 항상 누나들이 입던 빨간 내복을 입었습니다. 어쩌다 명절날 부모님은 오래 입어야 한다고 큰 옷을 사주셨고 또 장날이면 찢어진 고무신을 새것으로 바꿔주시기를 원했지만, 기대를 저버리고 고작 접착제로 붙여오시는 것이 전부였습니다. 그럴 때마다 많이 속이 상했고 그래서 성인이 된 지금은 그 당시 억눌렀던 감정들로 인해 마음에 드는 옷이나 신발을 보면 앞뒤 가리지 않고 빚을 내어서라도 사들인다고 합니다.

물론 모은 감정쿠폰들을 좀 더 건강한 방법으로 청산하는 사람들도 있습니다. 상대방의 말을 전혀 들으려 하지 않는 남편과 대화할 때 생기는 언짢은 감정쿠폰들을 모았다가, 이따금 친구를 만나 분위기 있는 커피숍에서 수다를 떨거나 아니면 쇼핑을 하면서 필요한 물건들을 사는 사람도 있습니다.

또 어떤 사람들은 상실로 인해 생기는 슬픔의 쿠폰을 여러 장 모았다가 혼자서 여행을 떠나거나 영화관람을 하기도 합니다. 여기서 상실이란 사람을 비롯한 소유물이나 건강을 잃어가는 것 혹은 직업이나 직위를 잃는 것을 모두 포함합니다.

물론 감정쿠폰을 소리 없이 장기간 모으는 예도 있습니다. 결혼하고 수십 년 동안 함께 살면서 표현하지 못하고 차곡차곡 모아둔 분노의 쿠폰들을 '황혼이혼'이라는 것과 맞바꾸는 것입니다.

예를 들어 우리에게 '나리타' 하면 떠오르는 것이 '나리타 공항'인데, '나리타 이혼'은 나리타 공항에서 하는 이혼이라는 뜻으로 신혼여행을 갔다가 나리타 공항에 도착하자마자 이혼에 합의하고 각자 다른 집으로 돌아가는 스피드 이혼을 비유한 1990년대 널리 퍼진 유행어이자 이혼 풍속도였다고 합니다.

그런데 요즘에는 남편의 정년퇴직을 기념해 갑자기 여행

을 떠났다가 여행 도중 사소한 일로 다투거나 상대의 몰랐던 흠까지 눈에 띄면서 갈등하다 결국 이혼까지 이르게 되는 부부가 늘고 있다고 해서 '신 나리타 이혼'이라고 하는데, 사실 겉으로 보이지 않지만 수면 밑에 가라앉아 있는 근본의 이유는 바로 수십 년 동안 함께 살면서 서로 소통하지 못하고 마음속에 하나씩 억눌러둔 부정적 감정들 때문이라고 합니다.

특히 명절 후 이혼율이 다른 달에 비해 높게 나타나는 편인데, 이것도 감정쿠폰이 쌓인 것과 관련이 있습니다.

명절 후 이혼율이 상대적으로 높다는 말은 단순히 명절 때 받은 스트레스 때문만은 아닙니다. 부부가 살면서 서로 표현하지 못하고 억눌러 마음속에 쌓인 감정쿠폰들에다 명절 때 받은 스트레스가 덧붙여져서 과거의 묵은 감정에 불을 붙인 셈이 된 것입니다. 결국, 그동안 모은 감정쿠폰들을 '이혼'으로 청산하였다고 볼 수 있습니다.

아주 극단적인 경우에는 평생 우울의 쿠폰을 모았다가 '자살'이나 '타살'을 하는 예도 있습니다. 그러기 때문에 우울증을 대수롭지 않게 생각하면 안 됩니다.

흔히 우울증을 마음의 감기 정도로 생각하는 이가 많은데, 우울증이 깊어지면 더 이상 아무런 희망도 느껴지지 않고 죽고 싶다는 생각이 들거나 아침이 되어도 그냥 이대로 영원히

눈을 뜨고 싶지 않다는 생각에 사로잡혀 충동적으로 자살을 택하는 일도 있습니다.

여기서 기억해야 할 것은 우리는 자신도 모르는 사이에 여러 종류의 감정쿠폰들을 모으는 경향이 있다는 것과 앞에서 예를 든 것처럼 그 모은 감정쿠폰들을 청산하는 방법들이 대부분은 부정적이고 건강하지 못한 점이라는 사실입니다.

우리는 자기 자신을 찬찬히 들여다보며 감정쿠폰을 청산하는 자신만의 방법들이 무엇인지 알아차려서 앞으로는 그 감정쿠폰들을 좀 더 건강하게 풀어가는 방법을 모색해봐야 합니다.

1 · 나는 주로 어떤 종류의 감정쿠폰들을 수집하는 경향이 있을까
   요? 이를테면 분노, 우울, 슬픔, 질투심, 열등감 아니면 또 다른
   종류의 감정쿠폰? 그리고 그 감정쿠폰들이 어느 정도 쌓이면 그
   것을 가지고 무엇을 하나요?

2 · 최소한 일주일에 한 번쯤은 나의 감정주머니를 들여다보고 비워
줄 필요가 있습니다. 다시 말해 쌓인 감정들을 바깥으로 표현해
보라는 말입니다.

1번에서처럼 쌓인 감정을 '감정폭발'로 청산하는 것이 아니라 좀
더 건강한 방법으로 풀어내야 하는데, 정기적으로 한 번씩 나의
감정주머니를 살펴본 뒤 신뢰할 만한 누군가에게 털어놓을 수도
있고 산책하면서 나무들을 바라보며 풀 수도 있으며, 내 방에서
베개를 나를 힘들게 하는 '○○'라고 생각하고 하고 싶은 말과 함
께 힘껏 내리치며 쌓인 감정을 표출해볼 수도 있습니다. 당신만의
표현법으로는 어떤 것이 좋을까요?

2

우리 몸에
흔적을 남기는
'쌓인 감정'

동양의학에서는 육체를 기계처럼 보는 것이 아니라 에너지체계로 보는데, 이 에너지가 동양적 관점에서는 '기'에 해당합니다. 인간은 살아 있는 생명체로서 생명에너지가 흘러 다니는 길이 있다고 하는데, 이 길을 '경락'이라고 합니다. 그리고 에너지의 흐름이 멈추는 것을 동양적인 사고로는 기가 막히는 것으로 봅니다. 따라서 기가 막히면 병이 생기기 쉽습니다.

감정도 에너지로서 우리 몸 안에서 끊임없이 순환되는데, 감정표현이 방해를 받으면 몸 안에서 에너지가 흐르지 못하고 정체됩니다. 그러므로 감정적 상태가 육체의 건강에 영향을 줄 수 있습니다.

에너지란 '살아 있음'의 상징으로서 우리는 매 순간 맥박이 뛰듯이 자신의 몸 안에서 에너지를 느낍니다. 그리고 우리 주변에서 일어나는 사건들은 우리 몸의 감정에너지의 흐름을 자극하게 됩니다.

예컨대 호감이 가는 이성 앞에서는 심장이 평소보다 빠르게 뛰어서 가슴에서 콩닥콩닥하는 것이 느껴집니다. 혹은 누군가로부터 칭찬을 받으면 얼굴이 달아오릅니다.

반면에 창피한 일을 당할 때는 얼굴이 붉어지면서 화끈거립니다. 또 비난을 받으면 긴장해서 가슴 부분이 위축되기도 하는데, 이것은 외부 사건에 의해 자극이 주어지면 우리 몸의 에너지 흐름에 변화가 생기기 때문입니다.

화가 나는 상황인데 화를 표현하는 것이 마땅치 않을 때 우리는 두 주먹을 힘껏 쥐기도 합니다. 이렇게 감정표현을 억누르다 보니 몸을 긴장시킬 수밖에 없고 그러면 감정에너지의 흐름이 막히게 됩니다.

더욱이 매우 슬픈 감정에 휩싸여 있는데도 그것을 겉으로 드러내지 않으려 한다면 눈물을 참기 위해 얼굴, 가슴, 복부의 근육을 긴장시킬 수밖에 없습니다. 특정 감정을 억압하면 특정 부분의 근육이 긴장된 상태로 남습니다.

내가 처한 환경에서 어떤 자극을 받느냐에 따라 그에 대한 반응으로 생기는 감정을 표현하지 못하면, 대신 우리 몸은 긴장하게 되고 동시에 근육도 수축합니다. 그러면 에너지 즉 '기'의 흐름이 막히게 되므로, 어떤 형태로든 이 막힌 감정에너지를 뚫어주어야 합니다.

왜냐하면, 이렇게 흐르지 않고 고여 있는 에너지는 시간이 지나면 몸 안에서 문제를 일으켜 여러 가지 증상으로 나타날 뿐만 아니라 몸에도 영향을 주어 경직된 자세를 갖게 하기 때문입니다.

이처럼 감정표현이 중요한데도 대다수의 사람은 미움이나 분노 같은 부정적인 감정에너지를 표출하기보다 억압하고 가두어 순간적으로는 아무 일도 없는 것처럼 넘어가는데, 결과적으로 보면 그 부정적인 감정에너지는 시간이 지난다고 해서 자연스럽게 없어지는 것이 아니라 몸 안에 고스란히 쌓이게 됩니다.

우리는 우리 자신을 힘들게 하는 끊임없는 외부 자극들 속에서 생활하지만, 그 자극에 대한 반응으로 나타나는 감정을 표현하기보다는 억누르는 데 더 익숙해져 있습니다.

그렇게 계속 억누르다 보면 나중에는 억누른 감정이 폭발해서 급기야는 소리치며 싸우거나, 무언가를 던지고 부수거나, 아니면 아무런 관련도 없는 다른 사람에게 화를 냅니다.

그런 식으로라도 폭발되지 않으면 당연히 계속 돌고 돌며 흘러가야 하는 감정에너지는 정체되어 있을 수밖에 없습니다. 그러다 보니 혈액순환이 되지 않을 때 병이 발생하는 것처럼 특히 중년 이후의 사람들은 갖가지 질병에 시달리는 편입니다. 뒤에서 다루겠지만, 그래서 감정억압의 문제는 결국 밖으로 터지거나 아니면 자기 자신에게서 폭발해 질병으로 이어집니다.

더욱이 프로이트의 제자인 빌헬름 라이히는 신경증이나 정신병도 감정에너지를 억누르기 때문에 생기는 것으로 보았는데, 내담자에 대한 자신의 관찰을 토대로 라이히는 정신분석과는 좀 다른 치료형태를 발전시켰습니다.

이를테면 그는 내담자들을 관찰하면서 체온이 변한다든지 피부 색깔이 바뀐다든지 하는, 즉 신체 안에서 감정에너지가 증가한 것과 같은 반응들을 알아차렸는데, 이러한 반응들은 감정에너지의 흐름이 막혀버렸다는 것을 보여줍니다.

그는 또한 감정에너지의 흐름이 막힌 것을 진단하거나 막힌 감정에너지를 방출하기 위해 마사지와 같은 신체적 접촉을 사용했는데, 막힌 감정에너지를 뚫어주기 위함이었습니다.

요즈음 안마, 지압, 마사지나 약손과 같은 수기치료가 꾸

준히 인기를 끄는 것은 바로 위에서 언급한 것처럼 감정에너지가 잘 흘러가도록 하는 것과 깊은 관련이 있습니다.

EFT 요법을 창시한 크레이그 박사도 "해소되지 않은 부정적인 감정은 반드시 질병으로 몸에 나타난다"라고 하였습니다. 그래서 그는 암이나 당뇨, 류머티즘 같은 만성 난치질환을 치료할 때 과거의 힘들었던 사건이나 기억들을 물어보고 관련된 감정들을 중심으로 치료한다고 합니다.

감정의 표현이 방해를 받아서 순환하지 못하고 정체된 에너지는 척추, 횡경막, 허리, 골반, 턱 등 몸 안의 어딘가에 부담을 주어 몸에 질병을 일으킬 뿐만 아니라 그 부분에 긴장을 일으켜 근육조직을 수축시키기 때문입니다. 근육조직이 수축하면 호흡이 가쁘고 얕아집니다. 이렇게 얕아진 호흡은 산소를 많이 소비시키고, 산소량의 감소는 당연히 우리 몸에 해롭게 작용합니다.

따라서 막힌 감정에너지를 뚫어주어야 합니다. 물론 말로 표현하는 것이 가장 좋지만, 그것이 어려우면 춤이나 운동도 좋습니다. 왜냐하면, 춤을 추거나 운동을 통해 몸을 움직이면 뭉친 근육이 풀어져서 감정에너지가 자유롭게 흐르도록 해주기 때문입니다.

지금까지 살펴본 것처럼 감정에너지를 표현하지 않고 억

압하면 에너지의 흐름이 막혀서 몸의 질병으로 이어지는 것은 지극히 당연한 이치인데, 한 가지 기억해야 할 것은 감정은 힘이 있는 에너지이기 때문에 억압하려는 것 자체만으로도 충분히 우리를 지쳐버리게 만든다는 사실입니다.

우리가 감정을 억압하는 것이 너무 습관이 되어서 의식하지 못할 뿐이지, 실제로 감정을 억압하는 것은 마치 밀려오는 거친 파도를 막아내는 것만큼이나 힘든 일입니다.

1 · 감정에너지가 잘 흘러가지 못하고 정체되었던 경험, 즉 어떤 감
　　정으로 인해 겉으로는 아무런 문제가 없지만, 몸이 불편했던 경
　　험이나 아니면 감정조절이 안 된 채 거친 말들이 입에서 튀어나
　　온 적이 있었는지 기억을 떠올려봅시다.

2 · 1번의 경험을 좀더 잘 이해하기 위해서는 스트레스 상황에서 특
정 감정을 억누를 때, 나에게 어떤 습관이 있는지 살펴보면 좋겠
지요. 이를테면 어떤 사람은 어깨를 움츠리기도 하고, 또 어떤
사람은 어금니에 힘을 주기도 합니다. 손톱을 물어뜯기도 하고
다리를 흔드는 사람도 꽤 있고요. 그렇다면 내가 가지고 있는 몸
의 습관은 어떤 게 있을까요?

3장. 감정 억압의 그림자

3

억누른 감정이
폭발하는 순간

감정을 억누르는 것이 얼마나 힘든 일인지는 우리 주변에서 쉽게 목격할 수 있습니다. 아이들을 키우면서 이런 경험이 누구나 한두 번은 있었을 것입니다. 스마트폰으로 게임만 해대는 자녀를 보며 참고 또 참다가 결국은 스마트폰을 방바닥에 내동댕이친다든지, 부부관계에서도 화나는 순간 그 몇 초를 참지 못해서 고래고래 소리를 지르며 상대방에게 상처를 주는 말을 해댄다든지 아니면 억누른 감정이 폭발해서 가전제품들을 부수거나 내던지고 감정이 가라앉으면 후회를 했던 경험들이 있습니다.

'이혼숙려기간'이라는 것이 있습니다. 이것은 부부가 이혼에 합의를 했더라도 3개월 정도 냉각기를 가지며 다시 한번 생각할 수 있는 시간을 갖도록 하는 것인데, 이 제도를 도입한 이유는 소위 '홧김 이혼'을 막기 위해서였습니다. 그런데 실제로 이 제도를 통해 이혼율이 많이 줄었다고 합니다.

그 이유는 부부가 심하게 다투다가 그동안 서로에게 쌓였던 감정이 폭발해서 '이혼하자고…', '그래, 좋다고 이혼해'라는 말을 쉽게 하게 되는데, 이성을 잃은 상태에서는 실제로 이혼을 할 마음이 없을지라도 감정에 북받쳐 이혼 결정을 해버리는 경우들이 꽤 있기 때문입니다.

감정은 그야말로 움직이는 에너지이기 때문에 감정을 억압한다는 것은 흐르는 강물을 막아내려는 것처럼 힘든 일이라고 할 수 있습니다.

물론 얼마 동안은 감정을 감추거나 억압할 수 있으나, 그렇다고 해서 감추거나 억압할 감정이 사라지는 것은 아닙니다. 왜 그럴까요? 앞서 언급했듯이 감정은 눈에 보이지는 않지만 힘이 있는 에너지이기 때문입니다.

예컨대 어린아이들이 가지고 노는 풍선을 생각해봅시다. 우리가 손으로 풍선의 어느 한 부분에 압력을 가하면 다른 부분이 불룩 튀어나오는 것처럼, 자신의 감정을 억압하거나 애

3장. 감정 억압의 그림자

써 부인하려고 해도 없어진 것처럼 보일 뿐이지 정말로 없어진 것은 아닙니다.

이를테면 어느 초등학생이 학교에서 짝꿍과 놀다가 선생님께 혼이 났는데, 이 학생은 너무나 억울했습니다. 잘못은 짝꿍이 했는데 정작 자신만 야단을 맞았기 때문입니다. 그러다 보니 집에 돌아와 현관문을 여는 순간 소파에 앉아 있는 엄마를 알아보기는커녕 손에 들고 있던 보조가방을 거실에 휙 던져버렸습니다.

그 순간 영문을 모르는 엄마는 엄마대로 화가 나서 "넌 도대체 학교에서 뭘 배우고 온 거야. 어른을 봤으면 인사를 해야지!"라고 하였습니다. 이 말을 듣는 순간 화가 머리끝까지 치밀었습니다. 그래서 엄마의 말에 대꾸도 하지 않고 자기 방으로 들어가 방문을 꽝 닫아버렸습니다.

취약한 곳을 통해 분출되는 감정폭발은 여기서 그치지 않았습니다. 급기야는 책상 옆에 앉아 있던 강아지에게 쏘아붙이고 말았습니다.

감정은 억누른다고 해서 없어지지 않는다는 것을 우리는 압력밥솥에 비유하여 설명할 수도 있습니다. 잘 알다시피 압력밥솥의 뚜껑에는 딸랑거리는 소리와 함께 수증기가 빠져나가도록 구멍이 나 있습니다. 그런데 구멍이 막힌 상태에서 밥을 하면 압력밥솥은 어떻게 될까요? 아마도 백발백중 압력밥솥이 폭발할 것입니다.

그래서 '홧김에'라는 말이 있는 것이고 실제로 정말 참다 못해 홧김에 직장에 사표를 내거나 이혼서류에 도장을 찍는 사람들이 있습니다. 이 말은 평소에 감정을 제대로 처리하지 않고 계속 쌓아두면, 그것이 어느 시점에 한꺼번에 폭발되어 돌이킬 수 없는 일을 저지르게 된다는 것을 의미합니다.

그렇기 때문에 무조건 감정을 억누르면 안 되지만, 우리는 아주 어려서부터 감정을 표현하기보다는 억누르도록 은연중에 강요받는 환경 속에서 자라왔습니다. 그러다보니 갓난아기들은 울음으로 자신의 욕구를 표현하는데, 어른들은 그 울음을 아기의 욕구를 알리는 언어로 인식하기보다 귀찮은 어떤 것으로 여겨서 아기가 울면 왜 우는지 그 이유를 살펴보려고 하기보다는 조금 전에 우유 먹었는데 왜 그럴까 하면서 별 생각 없이 '공갈젖꼭지'를 입에 물려줍니다.

하지만 아기는 배가 고파서 울었을 수도 있고 기저귀가 축축해서 울었을 수도 있는데, 공갈젖꼭지로 인해 더 이상 그 어떤 표현도 할 수가 없습니다. 이렇듯 감정억압의 역사는 아마도 '공갈젖꼭지'로까지 거슬러 올라가야 한다고 말하는 이도 있습니다.

압력밥솥에 밥을 하면서 김을 빼주지 않으면 압력밥솥이 폭발하는 것처럼, 우리가 음식을 먹으면 배설을 해야 하는 것과 마찬가지로, 눈에 보이지는 않지만 해소되지 못하고 억누른 감정은 후에 밖으로 폭발이 되거나 여러 가지 통증의 옷을 입고 우리의 몸을 통해 자신을 표현하거나 고혈압, 심장병이나 암과 같은 각종 질병의 형태로 나타나기도 합니다.

이를 통해 우리는 몸과 마음이 연결되어 있다는 것과 그래서 몸의 상태는 마음의 상태를 반영한다는 것을 알 수 있습니다.

의사들 사이에서는 자기주장과 거절을 잘 하지 못하는 사람들을 가리켜 '암 성격'이라 부르기도 한다는데, 그 이유는 감정을 표현하기보다 억압하는 사람들일수록 암이라는 질병에 자주 노출되기 때문입니다.

더욱이 암에 해당하는 한자 癌을 풀이하면 "입이 세 개나 필요할 정도로 하고 싶은 말이 많은데 그걸 산에 가두고 막아 버렸다"인데, 이것은 감정억압에 대해 많은 것을 생각하게 해 줍니다.

따라서 특별한 이유 없이 두통으로 고생을 한다든지 신체 기능상 아무 문제가 없는데도 어떤 부위에서 통증이 느껴질 때는, 의식적으로 우리의 주의를 인간관계에서 표현하지 못한 감정이나 마음 상함, 혹은 경제적인 문제로 인한 근심 걱정 등의 심리적 요인에 두고 먼저 억눌린 감정을 풀어가야 합니다.

지금까지 살펴본 것처럼 감정억압은 여러 가지 신체적인 문제들을 일으키는데, 여기에서 그치지 않고 감정억압은 나이 들수록 더 혹독한 대가를 치릅니다. 감정을 억압하는 데는 한계가 있기 때문입니다.

젊어서는 자아의 힘으로 감정을 억압하고 조절하는 것이 어느 정도는 가능할 수 있으나 나이가 들면 자신을 방어하는 능력이 약해지면서 감정을 통제하는 것이 잘되지 않기 때문에 그동안 쌓였던 감정들을 더 거칠게 그리고 분별력 없이 아무 데서나 불쑥불쑥 쏟아놓아 주변 사람들을 놀라게 할 때가 많습니다.

예컨대 어느 80대 중반의 시어머니는 아들 며느리와 함께 사는데 이들이 직장생활을 하기 때문에 그동안 집안일을 도맡아 하셨습니다. 그럼에도 불구하고 젊으셨을 때는 며느리에 대한 불만을 전혀 표현하지 않으셨는데 요즘은 그동안 며느리로부터 서운했던 감정들을 상황이나 장소에 개의치 않고 마구 쏟아내신다고 합니다.

또한 요양병원에 가서 요양보호사들과 이야기를 나눠보면 어르신들 중 거친 욕을 하거나 돌발행동을 하는 치매 환자들을 종종 본다고 합니다. 이것은 치매에 걸려서 기억력을 점점 잃어갈지라도 그동안 살아오면서 서운했던 감정은 정확히 기억할 뿐만 아니라 그것을 분출시키고 만다는 것을 말해줍니다. 그리고 이런 모습은 나 자신이라고 해서 예외일 수 없습니다.

1 · "종로에서 뺨 맞고 한강에 가서 눈 흘긴다"라는 속담처럼, 감정
    을 불러일으킨 대상이 아니라 나보다 약하다고 생각한 누군가에
    게 억누른 감정을 폭발시켰던 적이 있는지 생각해봅시다.

---

2 · 우리 모두 경험으로 아는 것처럼 화가 났을 때 그 몇 초를 참지
    못해서 관계가 깨지거나 후회하는 일이 벌어집니다. 그 짧은 시
    간을 잘 다스려 감정을 폭발시키지 않도록 하는 방법에는 어떤
    것들이 있을까요?

예를 들어 가족 혹은 직장동료 때문에 화가 나는 순간, 우리는 잠시 망설이다가 화를 내버리거나 아니면 마음속에 꾹꾹 담아버립니다. 하지만 잠깐이라도 나의 감정을 고요하게 가라앉힌다면 화를 폭발시키지 않고도 화난 마음을 표현할 수 있습니다.

우선 자연스럽게 숨을 들이쉬면서 '하나' 하고 속으로 말합니다. 그런 다음 숨을 내쉬고 또 숨을 들이쉬면서 '둘' 하고 속으로 말합니다. 이런 식으로 하나부터 다섯까지 하는데, 이때 손가락을 접으며 표시하는 것도 좋습니다. 그러다 보면 어느덧 감정의 파도가 가라앉고 마음이 고요해진 것을 느낄 수 있습니다.

4장

억눌린 감정과 무의식

1

억눌린
감정의 위력

우리는 일상에서 하는 자신의 행동이 의식적으로 하는 것이라 믿겠지만, 특히 관계 속에서 문제가 되는 행동들은 무의식에 있는 것들의 지배를 받을 때가 꽤 있습니다.

프로이트에 의하면 실언이나 실수조차도 무의식에 있는 어떤 것이 그렇게 하게 만드는 것이라고 했습니다. 예컨대 아내가 해마다 기억하던 남편의 생일을 잊었다면 그것은 아내의 무의식에 있는 어떤 것의 영향을 받았기 때문이라는 것입니다. 우리가 자신의 행동을 이해하기 위해서는 무의식에 있는 것들에 관해 관심을 가지고 그것들을 탐색해볼 필요가 있습니다.

무의식이란 과연 무엇일까요? 무의식이란 나도 의식하지 못하는, 나도 모르는 내 마음인데, 해결되지 않은 채 우리의 무의식에 자리 잡고 있는 감정들이 많으면 많을수록 인간관계 속에서 상대방과 어이없는 일로 부딪치고 갈등하게 됩니다. 우리가 하는 행동 대부분은 나도 모르는 사이에 무의식에 있는 것들의 지배를 받기 때문입니다.

그렇다면 무의식에는 구체적으로 어떤 것들이 들어 있을까요? 무의식에는 우리가 살아오면서 지금까지 표현하지 못하고 억누른 불안, 공포, 우울, 분노, 좌절, 열등감, 질투 등의 감정들뿐만 아니라 좌절된 나의 욕구들이라든지 아니면 해보지 못하거나 억누른 본능적 충동들이 모두 들어 있습니다.

이해를 돕기 위해 무의식에 있는 것들이 현재 나의 행동에 영향을 주는 방식을 몇 가지 사례들을 통해 살펴보겠습니다.

· 사례 1 ·

50대 후반의 어떤 여성은 식구든 손님이든 누군가가 수박을 사 오기만 하면 어째 달갑지 않은데, 회상을 해보니 신혼 초 남편이 퇴근길에 수박을 사 왔을 때도 "이렇게 큰 수박을 둘이서 언제 다 먹느냐?"며 싸웠었다고 합니다.

어린 시절 아버지에 대해 이런저런 이야기를 하다가 그 옛

날 아버지가 바람을 피워 다른 여자와 함께 살면서 집에 한 번씩 오실 때면 꼭 수박을 사 오셨던 일을 기억해냈습니다. 표현하지 못했던 아버지에 대한 미움이 수박을 싫어하고 또 수박만 봐도 화가 나는 것으로 나타난 것입니다.

그럴 상황이 아닌데도 화가 몹시 난다든지 과장된 반응을 보이는 것은 바로 무의식에 있는 어떤 것이 건드려졌기 때문입니다.

· 사례 2 ·

중1 딸이 있는 어떤 여성은 왠지 남편도 시댁에서도 아들을 원하는 것처럼 느껴 늦둥이를 갖게 되었습니다. 크리스천인 이 여성은 기도하고 가진 아이이기 때문에 아들임을 확신했습니다.

하지만 열 달이 지나서 이 여성은 아들이 아닌 딸을 낳게 되었는데, 문제는 여기서부터 시작되었습니다. 산후조리 중에 "딸은 필요 없다"라는 환청이 계속 들리는 것이었습니다. 그것과 더불어 자신이 아이를 죽일 것 같은 두려움에 몹시 괴로워했고, 결국 지방에 사는 시부모님이 오셔서 아이를 데리고 갔습니다.

상담 중에 "어린 시절 부모님은 어떠셨나요?"라는 상담자의 질문에 이 여성은 갑자기 통곡했습니다. 그리고 한동안 침묵이 흐른 뒤, 한 가지 일화를 기억해냈습니다.

이 여성은 1남 4녀 중 넷째였습니다. 어린 시절 식사시간이면 아버지께서 구운 김을 나누어주셨는데 아들에게는 구운 김 1장을 통째로 주셨습니다. 그런데 딸들에게는 김 1장을 4등분 해서 1/4조각씩 주셨습니다. 너무나 속상했는데 더 기가 막힌 것은 "딸은 필요 없다"라는 말과 함께 김을 주셨다는 사실입니다.

이 여성은 "딸은 필요 없다"라는 환청이 결국 어린 시절 김을 주면서 하셨던 아버지의 말이었다는 것을 상담 중에 깨닫게 되었습니다. 그럴 뿐만 아니라 '왠지 남편과 시댁에서 아들을 원하는 것 같아서'도 사실은 "딸은 필요 없다"라고 어린 시절 밥상에서 종종 말씀하셨던 아버지의 말과 연결된 것임을 알게 되었습니다.

· 사례 3 ·

직장생활을 하는 어느 50대 초반의 여성은 참으로 난감함을 호소했습니다. 직장 일을 마치고 오면 프리랜서로 일하는 남편이 저녁상을 준비해놓는 것은 너무나 고마운데, 밥과 찌개를 필요 이상으로 많이 해놓기 때문에 마음이 영 불편하다는 것입니다. 말을 하자니 싸울 것이 분명하고 말을 안 하자니 속에서 부글부글한다는 것입니다.

남편에게는 어린 시절 이런 사연이 있었습니다. 남편은 10명이 훨씬 넘는 대가족 속에서 살았고 그 시절에는 먹을 것이 부족해서 그런지 식사를 해도 항상 배고픔을 느꼈는데, 그로 인해 생긴 감정을 충분히 표현할 상황이 아니어서 마음속에 그냥 억눌러버렸다고 합니다. 그래서인지 결혼을 하고 본인이 식사준비를 할 때는 항상 음식을 풍성히 그것도 지나칠 정도로 많이 하는 습관이 몸에 뱄고, 그것은 늘 아내와의 관계 속에서 긴장과 갈등의 요소로 작용한 것입니다.

· 사례 4 ·

탤런트 J씨만 나오면 텔레비전 채널을 돌리는 남편이 있습니다. 이 남편은 온 가족이 즐겁게 텔레비전을 보다가도 J씨만 나오면 텔레비전 채널을 돌려버립니다. 아내가 물으면? '그냥'이라고 했습니다. 하지만 아내는 이해할 수가 없었습니다. 그냥 넘겨버리기에는 너무 마음에 걸렸습니다.

이 남편의 무의식에는 해소되지 못하고 억눌린 채로 남아 있는 묵은 감정이 있었습니다. 이 남편이 초등학교 1학년 때 큰 형이 결혼했습니다. 그 후 집안 살림은 형수가 하고 어머니와 아버지는 항상 아침 일찍 밭으로 일하러 나가셨습니다.

그런데 부모님과 형제들이 모두 일하러 나가면 형수가 이 남편을 무척 힘들게 했습니다. 집안을 어지른다고 때리고 맛난 것이 있어도 잘 챙겨주지 않고…. 심지어 부모님께 말하면 가만 놔두지 않겠노라고 협박까지 했습니다.

너무 무서워서 아무에게도 말하지 못하고 매번 그런 감정이 생길 때마다 마음속 깊이 억눌러버렸습니다. 그런데 탤런트 J씨가 바로 그 무서웠던 형수의 얼굴과 많이 닮았던 것입니다.

앞에서 언급했던 것처럼 억누른 감정은 시간이 지난다고 해서 사라지지 않습니다. 그런 연유로 이 남편은 세월이 흘러 결혼을 하고 세 아이의 아버지가 되었지만, 텔레비전에서 J씨를 보기만 하면 어린 시절 자신을 괴롭힌 형수의 얼굴이 떠올랐고, 동시에 그때의 감정이 되살아나는 것이 무서워 자기도 의식하지 못한 채 얼른 채널을 돌려버렸습니다.

흔히 상담을 가리켜 '무의식의 의식화'라는 얘기를 많이 하는데, 상담이란 자신의 내면과 무의식을 알아가는 과정이라는 의미입니다.

이 말은 무의식이 의식화되면, 즉 내 행동의 이유를 알게 되거나 나의 억눌렸던 감정들을 알아차리게 되면 그것들이 더 이상 상처가 되지 않는다는 것을 의미합니다.

어린 시절 크리스마스 때 레고를 선물로 받고 싶었는데 받지 못한 아이가 있었습니다. 그 아이가 커서 그 당시는 부모가 너무 가난해서 레고를 사줄 형편이 못 되었다고 부모를 이해하게 되면 레고를 선물로 받지 못했던 과거의 일이 더 이상 상처가 되지 않는 것과 같습니다.

이렇듯 나의 무의식을 들여다본다는 것은 바로 자신을 성찰하여 그동안 감정을 표현하지 못하고 억눌러두었던 나 자신을 이해한다는 것이고 그렇게 나를 이해하게 될 때 비로소 우리는 관계 속에서 내 경험의 안경을 벗고 상대방을 있는 그대로 볼 수 있게 됩니다.

그 결과 이제는 남편이 수박을 사 오면 이 큰 수박을 언제 다 먹느냐며 애매하게 화를 내기보다는 오히려 남편에게 나는 어린 시절 이러이러한 경험이 있어서 수박이 싫다고 얘기함으로써 서로에 대한 이해를 더욱 깊게 하게 되고 그러다 보면 부부관계는 더 깊어지게 될 것입니다.

1 · 그럴 상황이 아닌데도 나와 가까운 사람들이 어떤 행동을 할 때
　나는 화가 날까요? 혹은 어떤 과장된 반응을 보이나요?

----

2 · 1번을 풀어가기 위해서는 가까운 가족이나 친구 혹은 동료에게 물어보는 것도 좋겠지요. 그러면 이런 반응들이 나올 수 있습니다.

"엄마는 어떤 사람이 '뺀띠'라는 걸 알게 되는 순간, 그 사람에게 비호감을 느낀다고 했는데, 도대체 왜 그러는 거야?"

아니면 내 스스로 자신의 과민반응에 대해 알아볼 수도 있지요.

"난 '착하다'는 말만 들으면 막 화가 나" 하는 식으로요. 그럴 때는 '착하다'는 말에 왜 그렇게 화가 나는지 그 이유를 한번 살펴봐야 합니다. 여러분들도 각자의 반응을 유심히 관찰하고 기록해보면 어떨까요?

2

감정 억압이 선입견을 만든다고?

바로 앞장에서 우리는 표현하지 못하고 억누른 감정들은 사라지지 않고 우리의 무의식에 자리를 잡고서 현재의 내 행동에 끊임없이 영향을 미친다는 것을 여러 사례들을 통해 살펴보았습니다.

이것만이 아닙니다. 억눌린 감정은 또 다른 모습으로 우리의 행동에 영향을 줍니다. 이를테면 '고정관념'이나 '선입견' '편견', '나만의 틀'이라는 다양한 이름의 옷을 입고 각종 인간관계에서 건강하지 못한 방식으로 작용합니다.

좀 더 구체적으로 설명하면 선입견은 '과거에 내가 한두번의 경험을 통해 갖게 된 고정된 사고의 틀'로서 투명한 안경이 아니라 내 경험의 안경을 쓰고 이 세상과 사람들을 바라보는 것이라고 할 수 있습니다.

그래서 우리가 빨간색 안경을 끼고 세상을 보면 세상이 온통 빨간색으로 보이듯이, 내 경험의 안경으로 생긴 선입견은 살아가면서 많은 문제를 일으킵니다. 가장 큰 문제는 내 경험에 의해 생긴 선입견을 살아가면서 나오는 다른 경험을 한 모든 사람에게 적용한다는 것입니다. 그러다 보니 인간관계 속에서 벌어지는 갈등들을 보면 크든 작든 대부분 이 선입견 때문에 생기는 것이라고 해도 과언이 아닙니다.

예를 들어 머리를 염색한 학생을 볼 때 어떤 사람들은 곱지 않은 시선으로 바라봅니다. 왜냐하면, 이들은 "머리염색을 한 학생=날라리"라는 선입견을 품고 있기 때문인데 이런 사람은 과거에 머리염색을 한 학생이 날라리였던 경험을 했을 것입니다.

하지만 머리염색을 했다고 해서 모두 날라리는 아닌데도 우리는 자기가 개인적으로 경험했던 것을 머리염색을 한 모든 학생에게 적용해버립니다. 이런 선입견은 현실에 맞지 않는 과잉 일반화라 볼 수 있습니다.

이렇듯 선입견은 내가 과거에 한두 번의 경험을 해서 갖게 된 생각의 틀임에도 불구하고 그것을 일반화시켜 모든 사람에게 적용하다 보니 관계 속에서 갈등의 요소로 작용할 수밖에 없는데, 우리가 가진 선입견들은 의외로 많습니다.

일반적으로 많은 사람들이 가진 선입견 중에서 몇 가지 예를 들면 "남자는 울면 안 된다", "미인은 팔자가 세다", "외동은 버릇이 없다", "생머리가 젊어 보인다", "계모는 무조건 나쁘다", "가방끈이 길어야 성공한다", "키가 큰 사람은 싱겁다", "여자는 결혼해야 행복하다" 같은 것들이 있습니다.

선입견과 관련하여 이런 어처구니없는 사례도 있습니다.

어느 날 대학 4학년인 딸이 미팅을 하고 왔습니다. 딸은 오랜만에 괜찮은 남자를 만났다며 흥분이 아직 가라앉지 않은 상태에서 엄마에게 자랑합니다. 그런데 엄마는 이런저런 이유를 대며 만나지 말기를 바랐습니다.

왜 그랬을까요? 딸이 미팅한 남자는 K대 학생이었습니다. 이 엄마 또한 30여 년 전 대학생이었을 때 K대 학생과 미팅을 한 적이 있었는데 애프터 신청을 받지 못하고 끝나버렸습니다. 그때 이후로 왠지 K대 학생들이 마음에 들지 않았습니다. 그 이후로 'K대 학생은 별로다'라는 선입견을 품게 된 것입니다.

이런 틀과 선입견을 품고 있으면 관계 속에서 상대방에 대해 쉽게 판단을 내리고 또 단정 짓는 말을 하게 되는데, 그 이유는 상대방이 감정을 표현할 때 상대방의 처지에서 바라보는 것이 아니라 내 생각과 판단으로 반응을 하게 되기 때문입니다. 그러다 보니 감정을 표현한 데 대해 공감을 하지 못하고 판단이나 충고, 비난의 말로 반응하게 됩니다. 그 결과 관계는 계속 어긋나고 갈등은 반복될 수밖에 없습니다.

다양한 관계 속에서 가장 성숙한 모습은 상대방을 있는 그대로 인정하고 받아들이는 것인데 선입견은 그렇게 하는 데 방해가 됩니다. 그렇다면 선입견이 만들어지는 과정을 좀 더 구체적으로 살펴봅시다.

어린아이들이 밖에서 놀다가 "엄마, ○○가 밀어서 넘어졌어. 무릎에서 피가 나?" 하고 울면서 들어올 때가 있습니다. 그러면 엄마들이 뭐라고 할까요? "어디 보자, 우리 아들 많이 아프겠네"라고 하면서 감정에 공감을 해주기보다는 "뚝, 사내 녀석이 돼서 울긴 왜 울어"라며 판단의 말을 먼저 하기가 쉽습니다.

그러면 아이는 친구 때문에 다친 억울한 마음을 표현할 엄두도 못 내고 마음속에 얼른 눌러 담으면서 눈물을 그칩니다. 설상가상으로 마음속에 넣어버린 감정은 '남자는 울면 안 된다'는 선입견으로 재탄생됩니다.

선입견이 만들어지는 과정에 대한 또 다른 예를 들어보겠

4장. 억눌린 감정과 무의식

습니다. 아이가 아침밥을 먹다가 "엄마, 나 밥 먹기 싫어. 그만 먹을래"라고 말했습니다. 이때 엄마의 반응은 두 가지로 나타날 수 있습니다.

· 반응 1 ·

"이 녀석아! 밥이 몇 숟갈이나 남았다고 그걸 남겨. 어서 마저 먹지 못해."

: 엄마가 아이의 감정에 공감을 해주지 못하면, 아이는 왜 밥을 먹기 싫은지에 대한 자기 마음을 표현하지 못하고 억지로 남은 밥을 꾸역꾸역 먹어댈 것입니다.

· 반응 2 ·

"우리 ○○가 밥을 먹기 싫은가 보구나. 왜? 벌써 배가 부르니? 아니면 다른 이유가 있나?"

: 엄마가 아이의 감정에 공감을 해주면, 아이의 마음이 풀릴 뿐만 아니라 왜 밥을 먹기 싫은지에 대해 그 이유까지 엄마에게 말을 할 것입니다.

여기서 반응 ①처럼 공감을 받기보다 비난이나 판단을 받게 되어 표현하지 못하고 마음속에 억눌러버린 감정은 시간이 지난다고 해서 저절로 사라지지 않고 "무슨 일이 있어도 밥을 남기면 안 된다"는 선입견, 즉 나만의 규칙으로 다시 태어납니다. 그러다 보면 어른이 되어서도 밥을 남기거나 음식을 남기는 아이들을 볼 때 편안하게 대하기가 어려워집니다.

1 · 내가 가지고 있는 나만의 선입견에는 어떤 것들이 있는지 적어보
고 그 선입견이 생기게 된 계기는 무엇이었는지 찬찬히 생각해봅
시다.

2 · 그런데 1번에서 나만의 선입견이 생기게 된 계기를 알게 되었다
면, 이제 시간이 지났지만 지금이라도 내가 그 당시 느꼈지만 표
현하지 못했던 내 감정을 위로하고 공감해줄 필요가 있습니다.
나만의 선입견이 만들어졌을 당시 표현하지 못한, 내가 느꼈던
감정을 충분히 위로하고 또 공감해주는 글을 적어봅시다.

3

감정조절력을
제대로
키우려면

프로이트는 한 개인의 삶에서 감정억압이 가져오는 무의식의 힘을 강조했습니다. 하지만 무의식만으로는 인간의 모든 행동을 설명할 수 없다는 한계를 느꼈습니다. 그래서 그는 사람의 행동을 설명하기 위해 성격의 3요소라는 이론을 다시 내놓습니다. 그리고 우리 마음 안에서 이 세 가지가 어떻게 작용하느냐에 따라 행동으로 드러나는 성격과 마음의 건강이 결정된다고 보았습니다.

성격의 3요소 중 첫 번째는 이드(id)입니다.

이드는 본능이라고 불리는 성격의 가장 원초적인 부분으

로 자라면서 생겨나는 것이 아니라 태어날 때부터 선천적으로 가지고 태어납니다. 아직 다른 성격의 요소들이 발달하지 않은 신생아는 이드(본능)의 힘이 크기 때문에 이 힘에 의해 행동합니다.

그래서 배가 고프면 못 참습니다. 엄마가 지금 얼마나 아픈지, 어떤 환경에 처해 있는지 돌아볼 여유가 없습니다. 좀 참고 기다릴 줄을 모릅니다. 그래서 이드는 쾌락의 원리를 따른다고 말합니다. 나에게 기쁨을 주는 것은 취하고 그렇지 않은 것은 피합니다. 이드(본능)는 오로지 자기 자신에게 만족스러운 것만 취하려고 합니다.

시장 한복판에서 장난감을 사달라고 조르는 아이는 이드의 힘에 이끌려서 그렇게 한 것입니다. 또 장난감을 사러 갔는데 원하는 것이 없으면 비슷한 거라도 사와야 합니다. 하루만 기다리면 자신이 원했던 장난감을 살 수 있는데도 기다리지를 못해서 그냥 비슷한 것이라도 사가지고 와야 직성이 풀리는 아이들이 있습니다.

성인들도 마찬가지입니다. 성적 욕구를 충족시키기 위해 바람을 피운다든지 하는 것도 이드의 힘에 이끌려서, 자아가 힘을 제대로 발휘하지 못해서 벌어진다고 볼 수 있습니다.

물론 이드가 꼭 부정적인 측면만을 가지고 있는 것은 아니니 적절한 제어를 할 수 있도록 신경써야 합니다.

성격의 3요소 중 두 번째는 자아(ego)입니다.

아기가 태어났을 때는 이드만 있지만, 자라나면서 서서히 자아가 생겨납니다. 예를 들어 아기가 우유가 먹고 싶어서 울었습니다. 그런데 가만히 지켜보니까 운다고 해서 곧바로 우유가 주어지지는 않습니다. 엄마가 우유병에 분유를 넣고 물을 끓여서 붓습니다. 그리고는 엄마 입에 몇 방울 대보고 다시 찬물에 식힙니다. 그런 과정을 몇 번 거친 다음에야 비로소 우유를 먹을 수 있습니다.

이것을 통해 아기는 자신이 원하는 것이 바로 충족되는 것이 아니라 기다려야 한다는 것을 배우게 됩니다. 즉 현실의 상황을 파악하는 것입니다. 그래서 자아는 '현실의 원리'를 따른다고 말합니다.

예컨대 어떤 엄마는 아기를 안고 화장실에 가기도 합니다. 왜냐하면 엄마가 화장실에 가서 아기의 눈앞에서 사라지면 아기는 엄마가 없어진 것이라고 생각해서 마구 울어대기 때문입입니다.

그런데 어느 정도 시간이 지나 자아가 발달하면 아기는 엄마가 화장실에 갔다고 해서 사라져버리는 것이 아니라는 걸 알게 됩니다. 그래서 엄마가 화장실에 갔다 온다고 하면 고개를 끄덕입니다. 이것이 바로 아기에게 자아가 형성되었다는 증거이고 그래서 화장실에 간 엄마를 기다릴 수 있습니다.

성적인 욕구와 관련하여서도 마찬가지입니다. 성적인 충동을 느낄지라도 자아가 잘 기능하는 사람은 현실에 맞게 잘 대처할 수 있습니다. 이처럼 '현실의 원리'를 따르는 자아가 잘 형성되어야 삶을 건강하게 살아갈 수 있습니다.

성격의 3요소 중 세 번째는 초자아(super ego)입니다.

일반적으로 초자아를 '양심' 혹은 '도덕'이라고 하는데, 양심은 옳고 그른 것을 구분해줄 수 있는 마음의 소리입니다.

3세 정도가 되면 초자아가 생깁니다. 예를 들어 아이에게 동생이 생기면 아이는 동생이 혼자서는 아무것도 할 수 없어서 부모가 동생을 돌보아줘야 한다는 것을 이해하지 못합니다. 아이의 눈에는 오로지 동생이 자신으로부터 부모의 사랑을 빼앗은 원수처럼 보일 뿐입니다. 왜냐하면, 동생을 돌봐야 하는 부모의 처지를 헤아릴 만큼의 인지발달이 아직 이루어지지 않았기 때문입니다.

그래서 엄마가 없으면 동생을 때리지만, 오래지 않아 엄마에게 들키고 맙니다. 들키면 당연히 혼이 나지만 그 일로 인해

4장. 억눌린 감정과 무의식

서 해서는 안 되는 일과 해야만 되는 일(양심)을 구분할 줄 알게 됩니다. 즉 혼나는 것을 통해 옳고 그름을 구분할 줄 아는 양심이 형성된 것입니다. 그 결과 다음 날 동생이 또 미워져서 때리려다가도 엄마에게 혼났던 일이 생각나서 때리질 못합니다.

우리가 나쁜 짓을 하려고 하면 콩닥콩닥 가슴이 뛰고 얼굴이 벌게지기도 합니다. 그것은 바로 양심의 소리 즉 죄책감을 느끼기 때문인데, 이것은 앞서 언급한 것처럼 아이의 수준에 맞게 옳고 그름을 적절하게 분별시키는 양육과정을 통해 길러집니다. 그래서 초자아는 양심의 원리를 따른다고 말하는 것입니다.

그러기 때문에 이 시기(3~5살)에 양심이 잘 형성될 수 있도록 하기 위해서는 너무 혼내거나 마냥 받아주는 것 사이의 균형을 적절히 맞출 수 있는 부모의 양육 태도가 중요합니다.

예를 들어 아이가 유치원에서 다른 친구의 물건을 가지고 왔는데도 아이를 나무라지 않으면 아이는 양심이 올바로 생성되지 않고 남의 물건도 내 물건처럼 여기기 쉽습니다.

반대로 아이가 유치원에서 혹은 다른 친구 집에 놀러 갔다가 그 친구의 장난감을 들고 왔을 때 너무 혹독하게 야단을 치면 아이는 이후에는 자신을 너무 강박적이리만큼 가혹하게 대할 수도 있습니다.

초자아에는 양심과 관계된 것뿐만 아니라 '자기평가'적인 기능도 있는데, 초자아의 힘이 클수록 자기 자신에게 잘했다고 칭찬을 해주기보다는 더 열심히 하라고 채찍질을 하게 됩니다.

그래서 초자아의 힘이 세면 양심에 걸리는 일은 하지도 않을뿐더러 다른 사람들에게는 모범생으로 비칠 수는 있겠지만 자기 자신은 매우 힘들 수 있습니다. 즉 인생이 참 고단해집니다.

같은 맥락에서 아이들을 양육할 때도 규제사항들을 많이 정해놓은 부모는 초자아의 힘이 센 부모로서 그 자녀들 또한 그런 모습을 닮아갈 확률이 높습니다.

이렇듯 우리의 삶은 매순간이 '이드와 초자아의 싸움'이라고 할 수 있습니다. 이때 자아는 이 둘을 중재하게 되는데, 자아가 어떻게 중재하느냐에 따라 행동으로 드러나는 그 사람의 성격이 결정됩니다.

예를 들어 A라는 학생이 지금 중간고사를 보는 중이라고 해봅시다. 이때 A라는 학생의 이드가 말합니다. "A야, 얼른 커닝해. 이번 시험은 특별히 잘 봐야 해. 그렇지 않으면 졸업을 못 할 수도 있어." 한편 A라는 학생의 초자아는 이렇게 말합니

4장. 억눌린 감정과 무의식

다. "A야, 커닝은 안 돼. 그건 나쁜 짓이야. 차라리 한 학기 더 다녀." 이때 자아가 잘 중재를 해야 하는데, 자아가 잘 중재를 하지 못하면 결국 대범하게 커닝을 하고 말 것입니다.

다시 말해 자아가 제대로 작동하면 성격은 원만히 돌아갑니다. 하지만 자아가 이드 편을 들면 충동적으로 행동을 하거나 문제를 일으키고, 자아가 초자아 편을 들면 너무 바르고 경직되게 행동하거나 재미없게 살아갈 수도 있습니다. 또 욱해서 어떤 일을 감정적으로 처리하는 것도 자아가 제 역할을 못했기 때문입니다.

결국, 이드, 자아, 초자아의 형성은 감정조절의 문제로 귀착됩니다. '뚜껑이 열린다'라는 표현이 있듯이 일상에서 감정조절이 잘되는 사람과 감정조절이 잘 안 되는 사람이 있는데, 이 감정조절의 능력은 바로 0세~2세 크게는 0세~5세까지 부모와의 관계에서 형성이 됩니다.

영유아는 성장하며 자기 자신의 욕구와 감정을 억누르지 않고 자연스럽게 표현하는데 이때 엄마가 정서적으로 따뜻하게 받아주어야 합니다. 그래야 감정조절을 잘 하는 아이로 성장할 수 있습니다. 이 말은 아이가 느끼는 감정이 긍정적이든 부정적이든 그것을 있는 그대로 인정해줘야 한다는 뜻입니다.

예를 들어 아이가 공을 차다가 넘어져서 막 울어댑니다.

하지만 엄마가 볼 때는 별것 아니어 보입니다. 그래서 "일어나, 그 정도 갖고 울긴 왜 울어"라고 말할 수 있습니다. 아이는 울음을 그치는 것이 아니라 자기 마음을 공감 받지 못한 것이 서러워서 더 크게 울 수 있습니다.

그럼 이런 경우에 어떻게 해야 할까요?

"에고고…. 울 아들 넘어졌네. 많이 아프지? 그래도 씩씩한 울 아들은 일어날 수 있지"라고 하면 아이는 엄마가 자신의 마음을 알아줬기 때문에 아프기는 하지만 울음을 그치고 일어납니다.

이렇듯 공감을 받으면 자신의 감정을 더 크게 폭발시키거나 아니면 감정을 억누를 필요가 없습니다. 그래서 이런 식의 상호작용이 계속되면 감정조절력이 제대로 잘 키워집니다.

심리학 용어 중에 '거울 뉴런(Mirror neuron)'이라는 말이 있습니다. 거울 뉴런은 다른 사람의 행동을 거울처럼 반영한다고 해서 붙여졌는데, 상대방이 특정한 움직임을 행할 때나 상대방의 특정한 움직임을 관찰할 때 활동하는 신경세포입니다. 그래서 옆사람이 하품을 하면 따라 하게 되거나 드라마를 보면서 주인공이 슬픈 일을 당하면 나도 모르게 눈물이 나옵니다.

거울 뉴런에서 힌트를 얻어 권수영 교수는 『거울 부모』라는 책을 썼습니다. 그에 의하면 '거울 부모'란 자녀의 숨겨진 감정에 주목하고 자녀의 장점을 밝게 비추어줄줄 아는 부모로서, 거울 부모가 되려면 아이의 감정을 내 감정처럼 느끼려는 태도가 우선되어야 하며 아이의 감정에 잘 공감해주기 위해서는 '감정 단어'들을 많이 익혀뒀다가 적절하게 쓸 수 있도록 훈련받을 필요가 있음을 강조합니다.

맛난 음식을 먹어봐서 그 맛을 아는 사람이 다른 사람에게 그 음식을 권하고 또 대접해줄 수 있듯이, 아이는 공감을 받으면 받을수록 다른 사람의 감정에 공감을 잘 하는 성인으로 성장해 나갈 것입니다.

1 · 성격의 세 가지 요소(이드, 자아, 초자아) 중에서 나에게 어느 것
이 가장 큰 힘을 발휘하나요? 더욱이 이드와 초자아의 갈등 속에
서 나의 자아가 이드와 초자아를 잘 조절하지 못하고 어느 한쪽
에 굴복했던 경험이 있었는지 떠올려봅시다.

2 · 1번에서 성격의 세 가지 요소 중 자신에게 가장 큰 힘을 발휘하는 요소를 찾았다면, 이제 '자아'를 중심으로 이 세 요소가 적절하게 균형을 이룰 수 있도록 하는 나만의 방법을 찾아내봅시다.

5장

비로소 풀어지는 감정의 응어리들

1

공감을
받는다는
것은

흔히 나이가 들면 말이 많아진다고 합니다. 어찌 보면 이것은 당연한 이치인데, 오랜 세월 살아오면서 쌓인 감정을 제대로 풀지 못한 것도 한 이유가 될 수 있습니다. 그러기 때문에 매사에 말이 많고 또 잔소리라도 하면서 내면의 감정에너지를 빼내는 것입니다.

더욱이 어르신들과 상담을 하다 보면 '잡념' 때문에 밤새 잠을 못 잤노라고 말씀하실 때가 많은데, 그 잡념들을 가만히 들어보면 지금까지 살아오면서 표현하지 못하고 위로받지 못했던 그래서 평생 억눌러둔 감정들이 대부분입니다.

어느 어르신은 김장철만 되면 잡념 때문에 밤잠을 설친다고 하십니다. 잡념의 내용인즉 김장하는 날 분주하게 일하면서 그 와중에도 남편이 좋아하는 수육을 만들었는데, 식탁에서 혼자 맛나게 먹으면서도 일하고 있는 자기에게는 고기 한점 싸서 입에 넣어주거나 와서 함께 먹고 하라는 말 한마디 없다는 것입니다.

"그놈의 영감태기 고기 한 점 싸서 주면 손이 부러지나? 돈이 들어가나?" 하시면서 숨을 몰아쉬며 씩씩거리셨습니다. "어르신! 그렇게 표현 없는 남편이랑 사시느라 얼마나 힘드셨어요!"라는 말 한마디에 그만 눈가에 눈물이 고였습니다.

감정은 논리적으로 설명한다고 해서 풀어지는 것이 아닙니다. 감정은 오로지 들어주며 공감해줄 때 풀립니다. 흔히 우리는 감정을 극복해야 하는 것으로 생각하는데 제대로 수용되었을 때 풀리는 것이라 할 수 있습니다. 감정을 억눌렀다는 말은 주의(attention)나 관심 더 나아가 공감을 받지 못했다는 말이기 때문입니다.

따라서 시어머니로부터 상처받고 힘들어하는 며느리에게 그래도 앞으로 살날이 더 많은 사람이 참아야 하지 않느냐며 용서를 강요하는 것은 소용없는 일입니다. 자꾸 논리적으로 이해시키려고 애쓰기보다는 "그래 정말 속상하고 억울하겠다"라는 한마디의 말이 더 효과가 있는 이유는 바로 이런 감정의 속성 때문입니다.

『내 얘기를 들어줄 단 한 사람이 있다면』이라는 책이 있습니다. 이 책은 17년 차 소송 전문 변호사가 쓴 책인데, 이 책에서 조우성 변호사는 다음과 같이 말합니다.

"소설보다 더 소설 같은 이야기를 듣다 보면 한 가지 공통점을 발견하게 되는데, 바로 이들 모두 가슴속 켜켜이 분노와 원망을 쌓은 채 최후의 방법으로 택한 것이 바로 소송"이라고 했습니다.

그러면서 조 변호사는 저마다의 사연과 상처를 안고 있는 이들이 변호사에게 바라는 것은 승소보다 자신의 고통에, 억울함에 귀 기울여 공감해주는 것이라고 합니다. 그리고 이런 깨달음을 얻은 후 조 변호사는 자신을 찾아온 이들에게 온 마음을 다해 귀 기울여주고자 애쓴다고 했습니다.

어느 은퇴한 교수님은 이런 이야기를 하셨습니다. 학생들은 교수님의 생각과는 다르게 교수님의 멋진 강의에 감동하였던 것보다도 아버지가 돌아가셨을 때 찾아와 자신을 위로해주셨던 것, 캠퍼스 벤치에 앉아 과거 어린 시절의 상처에 대해 이야기할 때 온전히 들어주셨던 일, 문자 메시지에 정성스럽게 답변해주셨던 일 등등 감정에 대한 공감을 받았던 일들을 더

선명하게 그리고 감동적인 한 장의 사진처럼 기억하고 있다는 사실에 놀라셨다고 합니다.

이것 또한 우리가 얼마나 자신의 감정에 귀 기울여주기를 간절히 원하고 있는지를 말해줍니다. 이렇듯 우리의 억눌린 감정은 오로지 공감을 받을 때 풀리며, 공감을 받는다는 것은 결국 나 자신이 상대방으로부터 온전히 이해받고 또 받아들여진다는 것을 의미합니다.

공감이 중요한 또 다른 이유는 인간은 공감을 받을 때 비로소 변화가 일어난다는 사실입니다. 흔히 우리는 옳고 그름을 따져서 사람을 변화시키려고 하는데, 머리로 깨달아서는 행동으로까지의 변화가 일어나기 쉽지 않습니다. 마음이 움직일 때 비로소 온전한 변화가 시작됩니다.

공감의 효과가 얼마나 큰지를 알 수 있는 사례 둘을 마지막으로 소개하겠습니다.

· 사례 1 ·

어느 여성이 결혼하고 6년 만에 임신을 했습니다. 그런데 그 아이는 임신 26주째에 태어나 30여 분 만에 숨을 거두고 말았습니다. 하늘이 무너지는 듯했습니다. 하지만 슬픔을 표현할 겨를도 없이 주변에서 모두 아이를 잊고 없었던 일로 하라고 했습니다.

하지만 이 엄마는 그럴 수가 없었습니다. 결혼 6년 만에 임신이 되었고 자신의 뱃속에서 26주를 함께한 자신의 또 다른 분신을 어떻게 한순간에 잊을 수 있겠어요! 너무 괴로웠습니다. 그리고 그런 말들이 위로되기는커녕 가슴을 후벼 파는 듯했습니다.

시간이 흘러 몇 년이나 지났는데도 슬픔은 가시지 않았습니다. 어느 날 집 앞 놀이터 벤치에 앉아 여느 때처럼 멍하니 놀이기구를 바라보며 아이 생각에 잠겨 있는데 누군가가 다가와 말을 걸었고 그 일이 계기가 되어서 교회에 다니게 되었습니다. 그 당시 이대로 지내다가는 죽을 것 같아서 마지못해 교회에 나갔습니다.

어느 날 교회 사모님이 심방을 오셨는데, 이야기 중에 아이와 관련된 것들을 하나하나 물으셨습니다. 그리고 대답에 정성껏 귀 기울여주셨습니다. 그러자 이 엄마는 흐르는 눈물을 주체할 수가 없었습니다.

왜냐하면, 그동안 어떤 누구도 태중의 아이를 잃어서 얼마나 슬픈지, 아이가 자신에게 얼마나 귀한 존재였는지 알아주지 않았을뿐더러 지금도 상실의 아픔 속에서 눈물로 밤을 시새우는 날들이 많지만 아무도 그런 것들에 관해 관심을 두지 않았는데, 교회 사모님이 자신의 마음을 알아주었다고 느꼈기 때문입니다.

그날 비로소 몇 년 동안 억눌렀던 감정들을 원 없이 교회 사모님에게 모두 풀어놓을 수 있었습니다. 그리고 장시간 횡설수설 울며불며 이야기했지만, 사모님이 자신의 말을 끊지 않고 말없이 들어주셨을 때 그 슬프고 억눌린 감정의 찌꺼기들이 모두 빠져나가는 듯했다고 합니다. 그런 일이 있고 난 뒤 이 여성은 마음이 점점 편안해졌고 마침내는 일상으로 돌아올 수 있었습니다.

· 사례 2 ·

몇 년째 취업준비를 한답시고 집에서 텔레비전만 보고 있는 아들에게 엄마는 말했습니다.

"그래, 이렇게 매일 텔레비전만 보고 있으면 어떡하니? 텔레비전이 밥 먹여주는 줄 알아?" 엄마 말이 끝나기가 무섭게 아들은 "엄마, 나도 이렇고 싶어서 그런 줄 알아요. 다 엄마 때문이에요. 엄마는 내가 어렸을 때부터 장사하러 갈 때마다 텔레비전 코드를 뽑아서 감추고 나가셨잖아요. 그럴 때마다 얼마나 텔레비전이 보고 싶었는지 알아요. 텔레비전 코드를 뽑아서 감춘다고 공부하는 것도 아니란 말이에요. 날 좀 내

버려둬요. 텔레비전 안 본다고 취업준비가 더 잘되는 것도 아니라고요."

엄마는 기가 막혀서 "너 지금 엄마에게 그걸 말이라고 하고 있니? 못된 녀석 같으니라고"라며 소리를 질러댔습니다. 그러자 아들은 화가 치밀어 리모컨을 집어 들었는데, 그 순간 동생이 이렇게 말했습니다. "형 말이 맞아. 나도 그때 텔레비전이 너무 보고 싶었어! 텔레비전 보고 싶다고 떼쓰는 동생을 달래야 하는 형 마음도 정말 힘들었을 거야." 이렇게 내 마음을 알아주고 또 공감을 해주니까 마음속에서 올라오던 분노가 사그라지는 것이 느껴졌다고 합니다. 이것이 바로 공감의 효과입니다.

상처받은 마음, 억눌렀던 감정의 문제는 무엇보다도 귀 기울여 들어주고 공감해줄 때만 해결됩니다. 그러니까 여기서 귀 기울이며 공감해준다는 것은 그 사람의 마음을 헤아려 그것을 말로 표현해주는 것입니다. 그럴 때 치유가 일어납니다.

그러기 때문에 감정과 관련해서는 어쩌면 공감이 사랑보다 더 큰 개념이 되는데, 왜냐하면 공감이 배제된 일방적인 사랑은 우리에게 이해받고 또 사랑받고 있다는 느낌이 들 수 없게 만들기 때문입니다.

1 · 논리적인 설명이 아니라 공감을 통해 감정이 자연스레 풀어졌던
경험이 있다면 떠올려봅시다.

2 · 다른 사람들과의 대화 중에 판단이나 비난의 말을 하는 것이 아니라 공감의 말을 할 수 있도록, 상대방이 무어라고 말하면 일단은 '그렇구나', '그랬구나'라고 해봅시다.

왜냐하면 '~구나' 혹은 '~겠다'라는 표현은 상대방에게 이해받고 받아들여졌다는 느낌을 주기 때문입니다. 아니면 상대방이 한 말을 그대로 한 번 더 반복하는 연습도 좋습니다.

예를 들어 "그래, 속상했겠다", "정말 화가 났겠다", 더 나아가 "나라도 그랬을 거야", "나라면 더 그랬을 거야"라는 식으로 공감하는 연습을 관계 속에서 끊임없이 해봅시다.

2

응어리진 감정을
풀어가는 방법들

지금까지 살펴본 것처럼 억눌린 감정들은 무의식에 자리를 잡고 끊임없이 우리의 행동에 영향을 미칩니다. 즉 표현되지 못하고 공감받지 못해서 소화되지 못한 감정은 사라지지 않고 우리를 자라지 못하게 만듭니다. 그래서 "내 안에 또 다른 나인 어린아이가 산다"라는 말을 하기도 합니다.

어쨌든 우리는 나 자신이 왜 그런 식으로 행동하는지, 왜 어떤 상황에서는 그토록 과잉반응을 보이는지 또 인간관계가 왜 자꾸만 꼬여가는지 이제 그 이유를 어렴풋하게나마 알게 되었습니다.

바로 억눌린 감정이 문제입니다. 그리고 사랑의 결핍 때문에 생긴 문제는 사랑을 받아야만 치유가 되듯이, 감정의 문제는 감정에 대한 공감이 필요합니다.

여기서는 감정의 몇 가지 특성을 이야기하면서 그동안 억눌린 감정들을 털어버릴 뿐만 아니라, 앞으로도 감정을 제대로 표현하며 행복하게 살아갈 수 있도록 그 방법들을 모색해보려고 합니다.

우선 감정은 기억과 밀접하게 관련되어 있는데, 기억은 현재의 내 감정이 어떠냐에 따라 그 감정과 관련된 것들을 연이어 생각나게 합니다.

예컨대 남편과의 관계가 원만해서 내 기분이 좋으면 남편이 그동안 나에게 잘해주어서 기뻤던 일들만 생각이 납니다. 반대로 남편과의 관계가 좋지 못해 우울하다면 남편이 그동안 나에게 상처 주었던 일들만 줄줄이 생각날 것입니다.

더욱이 우리는 무엇이든지 한 번에 해결해버리려는 경향이 있는데, 겨우내 묵혀둔 묵은김치나 짠지는 한 번 물에 담갔다고 해서 그 짠맛이 단번에 빠지지 않습니다. 여러 날 오랫동안 물에 담가두어야 합니다. 마찬가지로 그동안 억눌렀던 묵은 감정들도 한번 알아차리고 표현했다고 해서 다 해소되지 않습니다.

그리고 억눌렀다는 말은 '주의'나 '공감'을 받지 못했다는 말이기 때문에 어떤 감정이 마음속에서 올라올 때는, 예를 들어 "아무리 나를 사랑하는 엄마이지만 많은 사람들 앞에서 나에게 '제대로 할 줄 아는 게 하나도 없어'라고 말을 했을 때는 정말 쥐구멍에라도 들어가고 싶었지"라고 하면서 내가 나에게 주의를 기울여 그 올라온 감정에 정성껏 공감해주고 또 공감해줄 필요가 있습니다.

그렇게 끊임없이 올라오는 내 감정에 공감을 해주다 보면 묵은 짠지의 짠기가 가시듯 그 묵은 감정들도 점점 희석되어 더는 내 행동에 영향을 미치지 않을 때가 가까워옵니다.

이런 사례가 있습니다. 이분은 현재 사회복지학과 교수로서 상담 관련 과목들을 담당하고 있는데, 어린 시절 형과 형수에 대한 상처가 매우 컸다고 합니다. 형은 장남이라고 부모님이 어려운 시골 살림에도 대학까지 보내서 교사가 되었습니다. 그런데 자신이 고등학교에 진학할 무렵 "너는 부모님 모시고 시골에서 살라"며 함께 살고 있던 형과 형수가 앞장서서 고등학교 진학을 막았습니다. 이 교수님은 공부에 대한 열의가 남달랐기 때문에 그 당시 형으로부터 받은 상처는 말할 수 없이 컸다고 합니다.

그 일이 있고 난 뒤 이끼어찌하여 서울로 올라오게 되었고 검정고시로 고등학교를 졸업하고 자신이 원했던 대학에 진학하여 사회복지학을 전공한 뒤 대학원까지 가게 되었습니다. 모든 일이 순풍에 돛 단 듯이 술술 풀려나갔지만, 형에 대한 미움과 분노는 아직 풀리지 않았습니다. 어쩌면 형이 그때 자신을 고등학교에 진학시키지 않았기 때문에 좋은 대학에 대학원까지 간 것이라고 아무리 머릿속으로 되뇌어도 마음은 여전히 미움과 분노로 들끓었습니다.

그러던 어느 날 수업시간에 '빈 의자 기법'이라는 것을 실습으로 하게 되었습니다. '빈 의자 기법'이란 빈 의자를 앞에 두고 지금 이 의자에 누군가가 앉아 있다고 생각하면서 그 사람에게 하고 싶은 말을 하는 것입니다. 이 교수님은 그 당시 빈 의자를 보는 순간 형이 생각이 났고 자신의 차례가 되었을 때 형에 대해 억눌렀던 감정들을 눈물 콧물 다 흘려가며 쏟아놓았다고 합니다.

신기하게도 '빈 의자 기법'을 통해 자신의 억눌린 감정들을 다 쏟아내니 마음이 많이 편안해졌다고 합니다. 예전에는 형과 형수를 만나는 것조차 피했었는데, 그 수업시간 이후로는 형과 형수를 만나도 미움이나 분노로 마음이 크게 요동치지는 않았다고 합니다.

물론 이 사례를 일반화하기에는 무리가 있지만 시사해주

는 바가 큽니다. 감정의 찌꺼기들은 머리(이성적인 생각)로 이해한다고 해서 사라지고 또 해결되는 것이 아니라는 것입니다. 쌓인 감정은 말로 표현을 하거나 감정에너지를 표출시킬 때 비로소 사라집니다.

물론 당사자에게 직접 표현해서 푸는 것이 가장 좋겠지만 이것이 쉽지 않습니다. 서로 감정이 너무 많이 엉켜 있어서 어디서부터 시작을 해야 할지 막막할 때도 있고, 어떤 경우는 쌓인 감정이 너무 깊어서 내 감정을 제대로 전달하지 못할 것처럼 느낄 때도 있습니다. 또 부모님 같은 경우 연세가 많으셔서 기억조차 희미해지신 경우도 있고 이미 이 세상을 떠나신 경우도 있습니다.

이럴 때는 무조건 내 감정을 상대방에게 전달하려고 애쓰기보다는 내 안에 쌓인 감정에너지를 먼저 해소하는 것이 급선무입니다. 앞에서도 언급했지만, 감정은 에너지로서 이 에너지를 균형 있게 빼내주어야 우리의 몸과 마음이 안정을 찾기 때문입니다.

예를 들어 시댁에 갔다가 시누이로 인해 마음이 많이 상해 집에 왔는데, 아들이 엄마가 들어오는 것도 못 알아차리고 게임에 몰두하고 있는 것을 보면 어떨까요? 시댁에서 시누이에게 참았던 감정이 아들에게 전이되어 아들을 몹시 나무랄 것이고, 아들은 평상시와 다름없었던 자신의 행동에 대한 엄마의 반응을 보고 크게 상처를 받았을 것입니다.

그러기 때문에 우선은 내가 느낀 감정 상태가 어느 정도인지를 알아차리는 것이 중요합니다. 이를테면 "자신이 보낸 카톡을 읽지도 않고 또 어젯밤 집에 들어오지도 않은 아들로 인해 몹시 화가 나 있다"라는 것을 알아차리는 것만으로도 내가 느끼는 감정에 주의와 관심을 준 것이 되기 때문에 어느 정도는 화를 다스릴 여유를 갖게 됩니다.

하지만 문제는 내가 느끼는 감정이 강렬할 때입니다. 다시 말해 어떤 감정이 강렬해지면 우리의 뇌에서 이성적 사고를 담당하는 부분의 기능이 멈춰버립니다. 그 말은 뚜껑이 열리면 감정이 폭발해서 이성적으로 생각할 수 없게 된다는 뜻입니다. 그래서 내가 느끼는 감정 상태가 어느 정도인지를 파악하는 것은 매우 중요합니다.

일단 나의 감정 상태가 매우 강렬하다고 판단이 되면 충분히 해소될 때까지 마음속에 있는 감정에너지를 표출해서 빼내주어야 하는데, 이때 혼자서 노래를 크게 부른다든지 뭔가를 소리내어 반복해서 되뇌는 것 아니면 운동을 하는 것도 도움이 됩니다.

또 다른 방법으로는 베개를 방바닥에 수없이 내리치면서 "정말 내가 미치겠다. 네가 뭔데 나를 무시해. 뭐 남편이 하늘이라고. 나도 너처럼 온종일 일하고 왔잖아. 그런데 왜 너는 텔레비전 앞에 앉아 있고 나는 밥을 해야 해. 그러면 안 되지"라고 하다 보면 자신의 강렬한 감정이 점점 옅어지는 것을 느낄 수 있습니다.

이렇게 내가 몸을 움직여 적극적으로 감정을 해소하는 방법도 있고 또 다른 방법으로는 믿을 만한 사람들에게 털어놓고 푸는 것도 좋은 방법이 될 수 있습니다. 친밀한 친구 혹은 상담자 같은 신뢰할 만한 누군가에게 말하여 감정을 풀어내는 것입니다. 그것도 여의치 않으면 내가 나에게 혼잣말로 공감을 해주어도 좋습니다. 그렇게 해주어도 남이 나에게 공감을 해주는 것과 같은 효과가 있습니다.

1 · 그렇다면 그동안 나는 주로 어떤 방식으로 쌓인 감정을 풀어왔나
  요? 본문에 소개된 여러 가지 방법들 중 하나일 수도 있고, 아니
  면 나만의 또 다른 방법이 있을 수 있으니 그동안 사용한 방법들
  을 여기에 적어봅시다.

2 · 본문에 '빈 의자 기법'이 소개되었습니다. 지금 내 앞에 빈 의자가
놓여 있다고 상상해본다면 나는 누구를 앉혀서 어떤 대화를 나누
고 싶은가요?

3

나의 과거와
화해하기

일반적으로 죽음을 앞둔 사람들이 그동안 함께해온 관계들을 돌아볼 때 많이 떠올리는 단어가 있다고 합니다. 뭘까요? 바로 '화해와 용서'입니다. 아마 '화해'라는 말보다 우리를 기분 좋게 해주는 말도 없을 것입니다.

'화해'를 한자로 풀어보면 和(회목할 화), 解(풀 해)로 '사이 좋게 풀어 없애는 것'입니다. 그러니까 이 말에는 지금까지 이 책에서 다루어온 중심주제인 '묵은 감정을 풀어내는 것'이 전 제된다고 할 수 있습니다.

현재의 나 자신 및 다른 사람과 화해를 이룬다는 것은 결 국 나의 과거와 화해를 한다는 뜻입니다. 현재의 내 모습은 과거의 경험들이 쌓여서 된 것인데, 그 경험들 속에는 어떤 사건으로 인해 생긴 자신의 감정을 표현하지 못하고 억눌러둔 것들이 많기 때문입니다.

그동안 마음속에 쌓아둔 묵은 감정들을 지금부터라도 하나씩 풀어내어 자신의 과거와 화해하게 될 때, 비로소 과거의 일들이 현재에 영향을 미치지도 않고 관계 속에서 걸림돌로 작용하지도 않을 것입니다.

반대로 관계 속에서 묵은 감정을 풀어내지 않으면 그 사람의 '죽음'을 앞에 두고도 또 그 후에도 '화해와 용서'는 쉽지 않습니다. 얼마 전 상담실에 중년의 여성이 찾아왔는데, 이 내담자는 어머니의 죽음이라는 상실*에 뒤따르는 감정인 슬픔이 진하게 표현되는 애도 과정 중에 있는 분이었습니다.

상담시간마다 어머니에 대한 감정을 끊임없이 표현했는데, 그 내용을 보면 어머니에 대한 그리움이나 딸로서 어머니께 최선을 다하지 못한 후회감 등은 아직 없었습니다. 매시간 어머니와의 관계에서 쌓였던 분노의 묵은 감정들을 풀어놓고 또 풀어놓아도 끝이 없었습니다.

◆ 죽음이나 이별로 인한 관계의 단절부터 시작해서 소유물이 줄어드는 것이라든지 건강을 잃어버리는 것 아니면 은퇴로 인해 어떤 지위나 역할이 없어지는 것을 포함해서 더는 무엇인가와 관계가 지속하지 않는 것.

일반적으로 애도 과정이란 상실로 인해 갖게 된 슬픔의 감정을 표현하고 풀어내는 것인데, 이때 슬픔의 감정이란 매우 주관적인 것이어서 그 안에는 고인을 그리워하는 마음뿐만 아니라 죄책감이나 원망, 그리고 분노의 감정이 다 들어 있으므로 이런 분노의 감정을 풀어놓는 것도 물론 자연스러운 현상입니다. 하지만 마음속에 쌓인 묵은 감정들 때문에 어머니를 그리워하는 마음은커녕, 어머니에게 분노하고 원망하면서 힘들어하는 모습이 참으로 안타까웠습니다.

이런 분도 계셨습니다. 시아버지가 돌아가신 후부터는 국수를 먹지도 끓이지도 않습니다. 시아버지가 돌아가시기 직전까지 점심으로 국수를 드셨는데, 평생 점심으로 국수를 끓여드리는 일이 너무 힘들었던 거지요. 물론 매번 당연하다는 듯이 점심으로 국수를 요구하셨던 시아버지와의 관계도 그리 좋지 않았겠지요.

살아가면서 억누른 감정들을 풀어가는 것은 너무나 중요한데, 우리의 인생 여정은 어찌 보면 '묵은 감정들을 풀어감으로써 화해를 이루어가는 일'의 연속이라고 할 수 있습니다.

이번에는 살아가면서 묵은 감정을 풀어냄으로써 자신의 과기외도 회해하고 그래서 현재의 삶이 좀 더 건강하고 편안해진 예를 한 번 들어보겠습니다.

어떤 중년 남성은 달걀로 한 요리를 먹지 않는다고 합니다. 특히 달걀 프라이는 더욱더 그렇습니다. 영양가 많고 하기 쉬운 달걀 요리를 식탁에서 빼고 나니 아내 또한 매끼 식사준비를 하기가 쉽지만은 않았습니다. 이 남편은 왜 달걀 요리를 싫어하는 걸까요?

이 남성이 중학교 다닐 때에는 달걀 프라이가 아주 귀했답니다. 그래서 도시락밥에 달걀 프라이를 얹어 갈 때면 뿌듯함까지 느껴지는 시절이었는데, 이 남편은 달걀 프라이나 도시락은 커녕 숟가락만 들고 학교에 갔고 점심시간이면 여기저기 돌아다니면서 도시락 뚜껑에 한두 숟갈씩 얻은 것으로 비빔밥을 만들어 허기진 배를 채우곤 했답니다.

그런데 어느 날은 착한 친구의 밥과 달걀 프라이를 너무 많이 가져다 먹었는데, 그 친구가 바로 매형의 동생이었던 겁니다. 이 일로 인해 며칠 후 한동네에 사는 누나로부터 매섭게 혼이 났습니다. 이 남편은 그 이후로 달걀 프라이 등의 달걀 요리가 싫어졌다고 합니다.

이런 과거의 경험을 수차례에 걸쳐 아내에게 털어놓으면서 달걀과 관련된 묵은 감정들, 그러니까 달걀을 도시락 반찬으로 가지고 가고 싶었지만, 가정형편이 어려워서 그렇게 하지 못했을 때 느꼈던 안타까움과 서러움 그리고 부모님에 대한 복잡한 양가감정과 자신을 매몰차게 대했던 누나에 대한 서운함을 풀어놓으니 달걀을 대하는 마음이 훨씬 편해졌다고 합니다.

이렇게 화해가 이루어지면, 화해한 대상과 잘 지내는 것을 넘어 그 대상을 새롭게 그리고 긍정적으로 바라볼 수 있는 여유 또한 생겨납니다.

70대 중반의 한 여자 어르신은 가부장적이고 꼬장꼬장한 성격의 남편과 함께 50여 년을 살아오느라 힘이 많이 드셨다고 합니다. 퇴직한 후에도 삼시 세끼를 준비하느라 편하게 외출 한 번 하기 힘드셨다고 하지요. 물론 친구들과 여행을 가기 위해 며칠씩 집을 비운다든지 하는 것은 아예 꿈도 꿔보지 못했다고 합니다.

남편이 세상을 떠난 후 집 근처 복지관에 다니시다가 상담을 신청하셨습니다. 몇 달간의 상담을 통해 이 어르신은 시집살이를 비롯한 남편으로부터 받은 스트레스, 아이들을 키우며 힘들었던 일들까지 묵은 감정들을 꽤 많이 풀어놓으셨습니다.

그러던 어느 날 이런 말씀을 하셨습니다. 안방 장롱 위에 있던 남편의 사진 액자를 가져다가 거실 소파 앞 텔레비전이 놓여 있는 벽 위에 걸어놓으셨다는 것입니다.

예전에는 가부장적이고 꼬장꼬장한 남편이 밉기만 했는데, 상담실에 와서 이런저런 얘기를 하다 보니 남편에 대한 생각이 바뀌었다는 것입니다. 그러니까 이 나이에 끼니 걱정을 하는 사람들도 많은데 남편이 받던 연금을 이어받아 생활하니 이것이 바로 남편복이 아니겠냐는 말씀을 하셨습니다. 이것만이 아닙니다. 자신은 씀씀이가 헤픈 편인데 남편이 꼬장꼬장하긴 했지만 아끼며 절약 정신이 강해 작은 집이라도 마련할 수 있었다는 말씀도 하셨습니다.

이렇게 묵은 감정들이 풀어지니 남편에 대한 장점이 비로소 보일 뿐만 아니라 남편의 성격을 다른 시각으로 바라볼 수 있는 여유까지 생기게 된 것입니다.

한 가지 예를 더 들어보겠습니다.

이분은 1남 4녀를 둔 70대 후반의 어르신입니다. 젊은 시절 뜻하지 않은 질병에 걸려 고생하다가 어느 선교사의 도움으로 병원에서 무료로 치료를 받고 나았습니다. 그 이후로 자신도 돈을 벌면 어려운 사람들을 돕겠다는 결심을 하였고 한시도 그 결심을 잊지 않고 살아오셨다고 합니다.

남편은 몇 년 전 먼저 세상을 떠났고 자녀들은 장성하여 모두 결혼해서 각지에 흩어져 살고 있습니다. 그런데 나이 70을 훌쩍 넘기고 보니 삶을 좀 정리해야겠다는 생각이 들었고 마음속으로 다짐했던 일이 마음에 걸렸습니다.

그래서 자신의 전 재산이기도 하면서 월세를 받아 생활하던 집을 팔았습니다. 7억 5천 정도를 받아서 자신이 앞으로 살 조그만 아파트 한 채를 산 후, 1억 원을 어려운 사람들의 치료에 써달라고 서울에 있는 한 병원에 기부했습니다. 그러면서 자녀들에게는 이렇게 말했습니다. "엄마가 병원에 기부한 1억 원은 앞으로 너희들에게 줄 돈에서 2000만 원씩 뺀 것이다."

자녀들이 난리가 났습니다. "엄마는 어떻게 자식들에게 의논도 하지 않고 그러실 수가 있느냐!"고 따지고 하다 보니 엄마와 자녀들 간에 상처를 주는 일까지 생기고 말았습니다. 물론 엄마의 마음도 또 자녀들의 마음도 이해가 갑니다.

평생 알뜰하게 생활하신 어머니였습니다. 화장실에서도 물을 아끼느라 소변을 여러 번 보신 후에 물을 내리시기까지 하면서 장만하신 집인데, 그것을 팔아 1억이나 병원에 기부하셨다니…. 더욱이 자녀들 모두 넉넉한 형편도 아닌데 그들의 처지에서 보면 당황스럽고 당연히 속도 상했겠지요.

이 일을 계기로 "엄마는 평생 우리와 의논하는 것 없이 모든 일을 엄마 마음대로 해오셨다"라며 엄마에게 어려서부터 상처받은 일들까지 모조리 쏟아놓으며 서로의 묵은 감정들을 풀어냈습니다. 물론 이 과정이 쉽지는 않았고 같은 얘기를 또 하고 또 하고를 수없이 하는 동안 몇 년의 세월이 흘렀습니다.

하지만 현재는 이 어르신과 자녀들의 관계가 좋아졌습니다. 묵은 감정들을 잘 풀어내면서 마침내 화해가 이루어졌기 때문입니다. 거기다 '내 것을 나누어 남을 위해 기부하는 엄마'가 처음에는 '어려운 자식에게 주어야지. 말도 안 돼'에서 '역시 우리 엄마는 대단한 분이셔. 이런 자랑스러운 엄마를 내 자녀들도 본받았으면 좋겠다'라고 생각과 태도가 바뀌는 일까지 벌어진 것입니다.

이렇게 화해가 이루어질 때 비로소 '용서' 또한 가능한데, 이 책을 마무리하며 마지막으로 독자들에게 당부하고 싶은 것은 우리가 느끼는 감정은 '상대적'이라는 것입니다. 이를 잊으면 대화 중에 내가 한 말이 상대방의 가슴에 비수로 꽂힐 수 있고 또 나도 상대방의 말에 상처를 받기 쉽습니다.

예를 들어 아들이 "어떻게 '엄마라는 사람이' 자식에게 그런 악담을 할 수가 있어요?"라고 했다고 칩시다. 물론 엄마 편에서는 악담이 아니라 아들을 독려하느라 그렇게 말한 것인데, 아들이 그런 마음을 못 알아주고 '엄마라는 사람이'라는 절대적인 잣대를 들이대면 대화는 계속 꼬일 수밖에 없겠지요.

　　　　5장. 비로소 풀어지는 감정의 응어리들

반대로 서로가 느끼는 감정의 '상대성'을 인정하며 아들이 "엄마가 그런 식으로 말씀하시니 제게는 상처가 되네요"라고 했을 때 "아들아, 엄마는 ~한 의미로 그런 말을 한 건데…. 네게는 그렇게 들렸구나" 하면서 정서적 소통이 이어진다면 엄마와 아들 사이에 이해와 공감이 충분히 이루어질 것입니다.

　앞에서도 여러 번 언급했지만, 감정은 내 마음상태를 나타내주는 나의 본질에 가장 가까운 모습이므로, 옳고 그른 판단의 잣대로 바라보기보다는 인간이 느끼는 감정은 '상대적'이라는 것을 기억하면서 상대방이 느낀 감정을 있는 그대로 인정해준다면 그의 묵은 감정들 또한 눈 녹듯이 풀어질 것입니다.

1 · 마지막으로 내가 나에게 보내는 편지를 써봅시다.

5장. 비로소 풀어지는 감정의 옹어리들

마치며

❦

묵은 감정을 풀어내는 시간, 10분

오너들과 고객들의 갑질 행태가 매스컴에 자주 보도되면서 '감정노동자'에 대한 사회적 관심이 높아지고 있는데, 감정노동자란 '자신의 감정을 억누르고 통제하는 일을 일상적으로 수행하는 노동자'를 말합니다.

현재까지 감정노동자로 분류되는 직업으로는 간호사, 사회복지사, 백화점 판매원, 전화 상담사, 항공사 승무원 등 서비스 관련 직군들을 들 수 있는데, 어떤 면에서는 우리 모두가 '감정노동자'로 살아가고 있다고 볼 수 있습니다.

왜냐하면 친밀하다고 하는 관계들에서조차도 이런저런 이유로 내 감정을 표현하는 것이 쉽지 않을뿐더러 서로의 모습을 있는 그대로 인정하고 받아주기보다는, 밝은 표정과 긍정적 마인드만을 강조하는 사회적 분위기로 인해 나의 본마음을 숨긴 채 배우가 연기를 하듯이 마냥 즐거운 모습만을 보이려고 애쓰는 사람들이 많기 때문입니다.

그러다 보니 우리의 인간관계를 마치 애완견이 실명을 했지만 그걸 모르고 함께 살아가는 것에 비유할 수 있습니다. 이를테면 강아지가 실명된 상황에서 식구들이 맛난 음식을 먹고 있는데 강아지가 자신도 먹고 싶다고 낑낑거립니다. 이때 주인이 '손 들고 앉아'라고 말을 하면, 실명된 강아지는 과연 어떤 반응을 보일까요?

강아지는 앞이 보이지 않기 때문에 주인을 바라보는 것이 아니라 반대쪽 벽을 바라보며 앉을 수도 있는데, 이런 사실을 어느 날 갑자기 알게 된다면 우리는 당황하고 미안하다 못해 죄책감까지 느끼게 될 것입니다.

살면서 우리는 미워하며 지내던 누군가의 죽음 앞에서 겉으로 보여지는 모습과 달리 따뜻한 그의 속마음을 비로소 알게 되었을 때, 안타까움과 죄책감을 느껴본 경험이 누구나 한 번쯤은 있습니다.

그렇기 때문에 평상시에 자신의 감정을 제대로 표현하지 못하면서 속으로만 원망하거나 미워하기보다는, 이 책에서 감정에 관해 공부한 것들을 토대로 최대한 상대방을 다치지 않게 하는 방법으로 나 자신의 감정을 표현하며 살아가면 좋겠습니다. 물론 감정전달이 어려운 상황이라면 나의 내면에 억눌러둔 감정에너지만이라도 빼내줌으로써 최소한 쌓인 감정이 폭발하는 일은 없었으면 합니다.

마지막으로 현재 내가 느끼는 감정은 자연스러운 것이고 그것을 표현하라는 말이, 내 감정에 대한 책임까지 다른 사람에게 전가해도 된다고 말하는 것은 아니라는 걸 기억했으면 합니다. 내 감정은 내가 주체적으로 돌봐주어야 합니다.

내 감정을 돌봐주는 구체적인 방법들을 이 책에 자세히 제시해놓았는데, 처음 시작은 이렇게 하면 어떨까 싶습니다. 요즘 '세바시(세상을 바꾸는 시간 15분)', '몸바시(몸을 바꾸는 시간, 10분)'라는 말들을 자주 듣는데, 저는 '묵풀시(묵은 감정을 풀어가는 시간, 10분)'를 제안합니다.

이를테면 하루에 10분이라도 시간을 내어서 이 책의 각 원고가 끝날 때마다 나와 있는 '나만의 감정노트'에 내 마음을 솔직하게 기록해보는 것은 어떨까요?

묵은 김치를 여러 번 물에 담가서 짠맛을 빼내듯이 '나만의 감정노트'를 반복하다 보면 마음속에 억눌렸던 감정들이 서서히 빠져나가는 것을 경험하게 될 것입니다. 그러면 밖으로 폭발이 되거나 내 안에서 곪아 터지는 일이 눈에 띄게 줄어들 것입니다. 나아가 억눌린 감정들이 현재의 내 행동에 영향을 미치는 일 또한 줄어듭니다. '묵은 감정들로부터 자유로워지는 훈련은' '오늘'부터 바로 시작하면 어떨까요?

내 마음과의 거리는 10분입니다

참고문헌

•

1 · 정도언, 『프로이트의 의자』 (인플루엔셜)

2 · 김명숙, 『엄마 마음, 안녕하십니까?』 (더드림)

3 · 강현숙, 『나 자신과 화해하기』 (요단)

4 · 강현숙, 『50+를 위한 심리학 수업』 (궁리)

5 · 이민규, 『끌리는 사람은 1%가 다르다』 (더난출판사),

6 · 마틴 셀리그만, 김인자 · 우문식 옮김, 『긍정심리학』 (물푸레)

7 · 《한겨레신문》, 2006년 2월 8일

8 · Caldwell, *Getting in Touch* (Quest books)

9 · 권수영, 『거울 부모』 (울림사),

10 · 조우성, 『내 얘기를 들어줄 단 한 사람이 있다면』 (리더스북)

11 · 《디지털타임스》, 2015년 6월 15일

12 · 권혜경, 『감정조절』 (을유문화사)

13 · 데이비드 마이어스, 신현정 · 김비아 옮김, 『마이어스의 심리학 개론』
    (시그마프레스)

14 · 밴 조인스, 제석봉 옮김, 『현대의 교류분석』 (학지사)

15 · 이지영, 『나는 왜 감정에 서툴까?』 (청림출판)

16 · 김녹두, 『감정의 성장』 (위고)